Cordemoys Sprachphilosophie

Europäische Hochschulschriften
Publications Universitaires Européennes
European University Studies

Reihe XX
Philosophie

Série XX   Series XX
Philosophie
Philosophy

Bd./Vol. 742

PETER LANG
Frankfurt am Main · Berlin · Bern · Bruxelles · New York · Oxford · Wien

Hildegunde Gehrke

Cordemoys Sprachphilosophie

Ihr Verhältnis zu sprachphilosophischen Bemerkungen Descartes'

PETER LANG
Internationaler Verlag der Wissenschaften

Bibliografische Information der Deutschen Nationalbibliothek
Die Deutsche Nationalbibliothek verzeichnet diese Publikation in der
Deutschen Nationalbibliografie; detaillierte bibliografische Daten sind
im Internet über http://dnb.d-nb.de abrufbar.

Gedruckt auf alterungsbeständigem,
säurefreiem Papier.

ISSN 0721-3417
ISBN 978-3-631-61110-4
© Peter Lang GmbH
Internationaler Verlag der Wissenschaften
Frankfurt am Main 2011
Alle Rechte vorbehalten.

Das Werk einschließlich aller seiner Teile ist urheberrechtlich geschützt. Jede Verwertung außerhalb der engen Grenzen des Urheberrechtsgesetzes ist ohne Zustimmung des Verlages unzulässig und strafbar. Das gilt insbesondere für Vervielfältigungen, Übersetzungen, Mikroverfilmungen und die Einspeicherung und Verarbeitung in elektronischen Systemen.

www.peterlang.de

Vorwort.

Der zu seiner Zeit in ganz Europa bekannte Jurist Gérauld de Cordemoy verfaßte angesehene philosophische und historische Arbeiten; er verstand sich als Cartesianer, vertrat aber eine atomistische Physik. Leibniz erwähnt ihn oft, doch ist er in Deutschland inzwischen so gut wie vergessen.

Die Magisterarbeit von Frau Dr. Hildegunde Gehrke über Cordemoys Philosophie der Sprache, die auch an die reiche sprachphilosophische Literatur des späten 17. und des frühen 18. Jahrhunderts erinnert, beginnt mit einer knappen Skizze sprachphilosophischen Äußerungen Descartes'. Danach berichtet sie über Cordemoys Theorie der Kommunikation und der Sprache und über deren Verflechtung mit Cordemoys Physik und Metaphysik.

Im Mittelpunkt steht das sprachphilosophische Werk "*Discours physique de la parole*", dessen Erstauflage 1668 erschien; die Verfasserin zitiert nach der Ausgabe von 1704, auf die sich die maßgebliche Cordemoy-Monographie von Battail (1973) bezieht. Die Argumentation im "*Discours physique de la parole*" ist eng mit der von Cordemoys Hauptwerk "*Six discours sur la distinction et l'union du corps et de l'ame*" verbunden, das die Verfasserin ebenfalls berücksichtigt und nach der Ausgabe von Clair und Girbal zitiert. Sie zeigt, wie Cordemoys Sprachphilosophie bei Descartes' Theorie der Vereinigung von Leib und Seele anknüpft: die menschliche Sprache ist zugleich vom menschlichen Organismus und vom menschlichen Geist abhängig.

Cordemoy bestimmt die allgemeinen Bedingungen von Kommunikation und erarbeitet eine viergliedrige Klassifikation möglicher Kommunikationsverhältnisse; dabei gewinnt der Ausdruck "Kommunikation" eine für heutige Verhältnisse sehr weite Bedeutung, die die Beziehungen von Gott und Geschöpfen, von Körpern zu Körpern, von Menschen als Vereinigungen von Körper und Geist zu anderen Menschen und von reinen Geistern zu anderen Geistern umfaßt. Die Beziehung Gottes zu den Geschöpfen erklärt Cordemoy mit einer Theorie, die dem Occasionalismus zumindest sehr nahe steht. Unter den Beziehungen von Körpern untereinander werden die mechanischen Vorgänge beim Sprechen behandelt, unter den Beziehungen von Körper und Geist die denkabhängigen Vorgänge beim Sprechen und unter den Beziehungen reiner Geister zu anderen Geistern die Mitteilungen von Gedanken reiner Geister an Menschen, die in der Regel nicht durch akustische Übertragung, sondern durch Inspiration erfolgen. Cordemoy, dessen Vater Sprachlehrer war, erörtert im "Discours de la Parole" auch didaktische Aspekte des Spracherwerbs und des Sprachgebrauchs.

Weil deutsche Darstellungen der Philosophie Cordemoys recht selten sind, ist die Publikation der Arbeit von Frau Dr. Gehrke sehr zu begrüßen.

Prof. em. Dr. Rainer Specht

Inhalt.

Einleitung 9

I. Descartes' Äußerungen zur Sprache. 13
   I.A. Erkennbarkeit der anderen durch die Sprache 13
   I.B. Das Verhältnis von Idee und Sprache 16
   I.C. Leib-Seele Interaktionen 19
      I.C.1. Physiologische Abläufe 20
      I.C.2. Die Interaktion 22

II. Cordemoy 27
   II.A. Grundzüge seiner Philosophie 27
   II.B. Die Sprachtheorie im "*Discours physique de la parole*" 28
      II.B.1. Einzelne Punkte der Einleitung des "*Discours physique de la parole* 29
      II.B.2. Funktionen der Sprache bei Cordemoy. Sprache als Mittel der Erkenntnis anderer Menschen 31
      II.B.3. Notwendigkeit der Sprache als körperliches Zeichensystem bei der Verständigung der Menschen untereinander 36
      II.B.3.a. Die Verschiedenheit von Zeichen und Gedanken, bzw. von Körper und Geist 37
      II.B.3.b. Die Sprache dokumentiert die Vereinigung von Leib und Seele beziehungsweise von Gedanken und Sprachzeichen 41
      II.B.4. Die Verwendung verschiedener Zeichen bei der Verständigung der Menschen 44
   II.C. Vier Arten der Kommunikation bei Cordemoy 52
      II.C.1. Cordemoys Occasionalismus 52
      II.C.2. Die Kommunikation zwischen Körpern 57

II.C.2.a. Darstellung der Abläufe im Organismus 57

II.C.2.b. Abläufe im Organismus bei Lautäußerungen 61

II.C.2.c. Die physiologischen Abläufe als körperliche Aspekte der menschlichen Sprache 64

II.C.2.d. Occasionalistische Erklärungen der physikalischen d.h. physiologischen Abläufe im Organismus der Lebewesen 69

II.C.3. Die Kommunikation zwischen den Menschen als Kommunikation zwischen Seele und Körper und Körper und Seele 73

II.C.3.a. Die drei Korrespondenzarten zwischen Leib und Seele 73

II.C.3.b. Leib-Seele-Vorgänge beim Reden 75

II.C.3.c. Die menschliche Sprache als schwer zu begreifender Vorgang .. 76

II.C.4. Die Kommunikation der Geister untereinander und mit den Meschen 79

II.C.4.a. Gründe für ihre Möglichkeit 79

II.C.4.b. Einzelne Kommunikationsformen 80

II.C.4.c. Occasionalistische Erklärungen für alle Kommunikationsformen 82

II.C.4.d. Moralische und vernunfttheologische Aspekte bei der Kommunikation der Menschen 87

III. Das Verhältnis von Descartes' sprachphilosophischen Äußerungen zu denen Cordemoys 89

IV. Schluß 97

V. Bibliographie 98

Einleitung.

Im 17. Jahrhundert hat sich durch den Cartesianismus, der einen Dualismus von Körper und Geist lehrt, das Interesse an sprach- und zeichentheoretischen Fragestellungen verstärkt. Das bedeutendste und bis heute am besten kommentierte sprachphilosophische Werk ist die sogenannte "Grammatik von Port-Royal", deren Verfasser Antoine Arnauld auch an der zwei Jahre später erschienenen "Logik von Port-Royal" mitarbeitete. Der zweite Autor der "*Grammaire génerale et raisonnée*" von 1660 ist der Fremdsprachenlehrer Claude Lancelot. Die Grammatik oder die Redekunst wird in zwei Teilen abgehandelt, in einem ersten, der die materiellen Lautäußerungen und Buchstaben beschreibt, und in einem umfangreicheren zweiten, der ihre Bedeutung im Sprachsystem aufzeigt und erklärt, in welcher Weise die Sprachzeichen, die wir verwenden, unser Denken zum Ausdruck bringen, wobei die Abhängigkeit der Sprache vom Denken betont wird. In ähnlicher Weise geht Cordemoy in seiner sprachphilosophischen Abhandlung "*Discours physique de la parole*" auf cartesische Quellen zurück, indem er aus anthropologischer Sicht den körperlichen Anteil der Sprache von dem bedeutungstragenden geistigen Anteil unterscheidet und vor allem die Problemstellungen der wissenschaftlich-philosphischen Erkenntnisse Descartes' über den menschlichen Körper und Geist auf die Sprache anwendet und erklärt.

Ausgehend von der Beschäftigung mit Descartes' Leib-Seele Problematik ist der "*Discours physique de la Parole*" von Cordemoy ein interessanter Beitrag zu sprachphilosophischen Themen des 17.Jahrhunderts, da er Descartes' Bemerkungen zur Sprache ausführlich behandelt und logische und grammatikalische Strukturen weitgehend außer Acht läßt. Diese werden von der Logik und Grammatik von Port-Royal in rationalistischer Sicht konzipiert. Anthropologische Fragestellungen behandelt auch P. Bernard Lamy in einer Schrift, die erstmals 1675 unter dem Titel "*De l'art de parler*" erschien und die er in späteren Neuauflagen verändert und erweitert hat. Seine Betrachtung der Sprache geht ebenfalls vom cartesischen Dualismus von Körper und Geist aus und von der Parallelisierung von Wort und Idee einer Sache. Im Gegensatz zu den vorhergenannten Sprachabhandlungen befaßt er sich auch mit der Verschiedenenartigkeit der einzelnen Sprachgewohnheiten in anderen Ländern, und stellt Vergleiche her z.B mit dem Chinesischen, Arabischen oder dem Mongolischen.

Eine cartesianische Abhandlung über die Sprache findet man auch bei Christian Wolff, bevor er Leibniz' Lehre der praestabilierten Harmonie kennenlernte. Bei der Überprüfung geistiger Operationen und der Sprache als Instrument zur Mitteilung der Gedanken durch Zeichen nennt er Descartes, Tschirnhaus, La Forge, Clauberg, Sturm und Malebranche als philosophische Bezugsautoren und als linguistische Autoren Lamy, Amman und Wallis sowie die Grammatik von Port- Royal.

Cordemoy unterscheidet sich mit seinen sprachphilosophischen Untersuchungen von anderen Philosophen besonders durch seine Konzentration auf die körperlichen Abläufe bei der Sprache, die die Verbindung von Leib und Seele signalisiert. Die wissenschaftliche Untersuchung physiologischer Abläufe ist in sprachphilosophischen Schriften des 17. Jahrhunderts in diesem Maß nicht weit verbreitet. Cordemoy legt außerdem keinen sehr großen Wert auf die Untersuchung der Abläufe im menschlichen Geist, was z.B. bei Wolff stärker im Vordergrund steht.

Praktische Anwendungen, wie sie seit Descartes im Vordergrund stehen, finden sich bei Cordemoy in erster Linie als Anleitungen im Bereich der Rhetorik und des Spracherwerbs, aber nicht als Hilfestellung für Taubstumme wie bei Wolff, Helmont und Ammann.

Erwähnen möchte ich noch, daß 1700 in Amsterdam von dem Arzt und Taubstummenlehrer Johann Konrad Amman die erweiterte Fassung seiner Schrift "*Surdus loquens*" mit dem Titel "*Dissertatio de loquela*" erschien, in der auch Auszüge eines Traktates von John Wallis und ein Briefwechsel mit diesem Professor für Geometrie in Oxford abgedruckt sind. Die Schrift wurde in mehrere Sprachen übersetzt, ins Deutsche im Jahre 1747. In der Vorrede erwähnt der Verfasser F. M. van Helmont, der sich 1657 in der Schrift: "*Kurtzer Entwurff des Eigentlichen Natur-Alphabets der Heiligen Sprache*" mit phonetischen und sprachphysiologischen Vorgängen und ebenfalls mit der Taubstummensprache beschäftigte.

Vom Cartesianismus abweichende, aber in der Auseinandersetzung mit Descartes entstandene Sprachtheorien sind z.B. von Locke, Leibniz und Wolff.

In dieser Arbeit stelle ich Cordemoys Äußerungen zur Sprache dar, zeige deren Verbindung zum Occasionalismus und gehe auf die Differenzen Cordemoys zu Descartes ein. Außerdem stelle ich die körperlichen und die geistigen Aspekte der Sprache in Cordemoys Abhandlung zur Sprache einander gegenüber.

Von Cordemoys Sprachabhandlung gibt es keine deutsche Übersetzung und, soweit mir bekannt, nur eine ausführlichere Kommentierung des "*Discours physique de la Parole*" von Ulrich Ricken.[1]

Da Jean-François Battail einen ausführlichen Beitrag zur Sprachphilosophie Cordemoys in seinem "*L'avocat philosophe Géraud de Cordemoy*" veröffentlicht hat, zitiere ich wie er aus dem "*Discours physique de la Parole*" nach einer Kopie der Ausgabe von 1704. Alle anderen Anführungen aus Schriften Cordemoys aber beziehen sich auf die Ausgabe seiner philosophischen Werke, hrg. von Pierre Clair und François Girbal, Paris, 1968. Ich übernehme die Orthographie dieser Quellen.

---

1 Ulrich Ricken: Sprache, Anthropolgie, Philosophie in der französischen Aufklärung, Berlin 1984. Die umfangreichste Information über Cordemoy ist die von G. Rodis-Lewis, in: J.P. Schobinger (Hg.), Die Philosophie des 17. Jahrhunderts, Bd. 2, Basel, 1993.

I. Descartes' Äußerungen über die Sprache.

A. Erkennbarkeit der anderen durch die Sprache.

Descartes' dualistische Substanzenlehre und die Auffassung, daß beide Substanzen als Seele und Körper im Menschen vereinigt sind, bilden den Ausgangspunkt seiner Äußerungen über die Sprache. Descartes erklärt, daß man das Vorhandensein einer Seele in anderen Menschen anhand ihrer Sprachfähigkeit nachweisen kann. Er tut dies nicht in Form eines Existenzbeweises menschlicher Seelen, sondern indirekt, indem er nachweist, daß Tiere nicht über Seelen verfügen und sich darin von Menschen unterscheiden.

Descartes beschreibt die Sprache nicht systematisch in ihrer grammatischen Struktur, und er befaßt sich auch nicht explizit mit ihrem Ursprung und ihrer Entstehung. Er betrachtet sie vielmehr nur als äußerlich erkennbaren Ausdruck des Denkens. Als körperlicher Ausdruck der Vernunft (*raison*) ist sie das Kriterium der Unterscheidung zwischen Mensch und Maschine oder Mensch und Tier. Sie liefert den Beweis für die Existenz der vom Körper unabhängigen denkenden Seele des Menschen. Außerdem läßt die Sprache auch die leibseelische Vereinigung erkennen, da die Sprachzeichen einerseits Ausdruck der unkörperlichen Gedanken sind und andererseits aus Lauten bestehen, die von der Leibmaschine hervorgebracht werden. Daß der menschliche Leib, einer Maschine ähnlich, mit einer denkenden Seele verbunden ist, dafür sind die Worte und die Zeichen, die Gegenstände repräsentieren oder zur Vorstellung bringen, ein eindeutiger Ausweis, weil sie sich nicht auf körperliche Affekte zurückführen lassen:

> "Enfin il n'y a aucune de nos actions exterieures, qui puisse assurer ceux qui les examinent, que nostre cors n'est pas seulement une machine qui se remue de soymesme, mais qu'il y a aussi en luy une ame qui a des pensées, excepté les paroles, ou autres signes faits à propos des sujets qui se presentent sans se raporter à aucune passion."[2]

---

2 René Descartes, Oeuvres publiées par Charles Adam & Paul Tannery. Paris 1964, (=AT), Bd. IV, 574 (Brief an den Marquis de Newcastle vom 23. Nov.1646)

Die Sprache ist das einzige im Körper verborgene sichere Zeichen des Denkens. Selbst bei geistiger Schwäche und bei schlechter Verfassung der Sprachorgane bleibt die Fähigkeit der Menschen, Zeichen zu gebrauchen:

> Haec enim loquela unicum est cogitationis in corpore latentis signum certum, atque ipsâ utuntur omnes homines, etiam quàm maximè stupidi & mente capti, & linguâ vocisque organis destituti."[3]

Gäbe es Maschinen, die unserem Körper gleich Worte und Zeichen hervorbringen, so hätten wir doch zwei sichere Mittel oder Beweisgründe dafür, daß sie nicht im eigentlichen Sinne reden wie Menschen; denn sie hätten nicht die Fähigkeit, Worte oder andere Zeichen so zu gebrauchen wie wir, um damit anderen Gedanken mitzuteilen:

> "[...] jamais elles ne pourroient user de paroles, ny d'autres signes en les composant, comme nous faisons pour declarer aux autres nos pensées." [4]

Allerdings könnte man sich eine Maschine vorstellen, die so konstruiert ist, daß sie z. B. anläßlich einer Berührung aufschreit oder etwas Ähnliches ausführt. Um sinnvolle und verständige Antworten auf Äußerungen anderer geben zu können, ist es nötig, Wörter auf sinnvolle Weise zusammenzufügen, was eine Maschine nicht kann: "*mais non pas qu'elle les arrenge diversement, pour respondre au sens de tout ce qui se dira en sa presence*;"[5]
Selbst die stumpfsinnigsten Menschen sind dazu fähig, auf das, was sie hören, angemessen zu antworten:

> "Car c'est une chose bien remarquable, qu'il n'y a point d'hommes si hebetez & si stupides, sans en excepter même les insensez, qu'ils ne soient capables d'arrenger [sic] ensemble diverses paroles, & d'en composer un discours par lequel ils facent entendre leurs pensées;" [6]

---

3 AT V, 278 (Brief an More vom 5. Febr.1649)
4 AT VI., 56 (Discours de la méthode, 5. Teil)
5 A.a.O., 56-57
6 Ebd.

Auch von Geburt an Taubstumme erfinden Zeichen und gebrauchen sie, um anderen, die ihre Sprache verstehen, ihre Gedanken mitzuteilen:

"ceux, qui sont sours et muets, inventent des signes particuliers, par lesquels ils expriment leurs pensées." [7]

Damit ist für Descartes die Sprache der ausreichende Beweis dafür, daß der Körper fremder Menschen ebenso mit einem Geist verbunden ist, wie sein eigener.
Der Vergleich mit Maschinen oder Automaten liefert außerdem noch einen zweiten Beweis für die Erkenntnis, daß der menschliche Körper mit einer Seele verbunden ist. Maschinen funktionieren auf Grund der Disposition oder Einrichtung ihrer Organe. Menschen handeln dagegen aus Einsicht oder Kenntnis, wozu sie die Vernunft befähigt, "car [...] la raison est un instrument universel, qui peut servir en toutes sortes de rencontres."[8]
Und nur die Vernunft kann es ermöglichen, in allen denkbaren Situationen angemessen zu handeln, während eine Maschine für jede Tätigkeit eine besondere Einrichtung benötigt, "d'où vient qu'il est moralement impossible qu'il y en ait assez de divers en une machine, pour la faire agir en toutes les occurrences de la vie, de mesme façon que nostre raison nous fait agir."[9]
Sprache und Vernunft kennzeichnen den Unterschied zwischen Tier und Mensch, indem der Gebrauch von Worten und anderen Zeichen als einzigartige Fähigkeit des Menschen angesehen wird. Tiere, wie z. B. Elstern oder Papageien, haben zwar die Organe, um Wörter hervorzubringen, die man ihnen beigebracht hat, aber man kann dies nicht als Reden bezeichnen, da nicht zu erkennen ist, daß mit den Worten Gedanken verbunden sind:

"Car on voit que les pies et les perroquets peuvent proférer des paroles ainsi que nous, & toutefois ne peuvent parler ainsi que nous, c'est a dire, en tesmoignant qu'ils pensent ce qu'ils disent;"[10]

Tiere funktionieren für Descartes mechanisch, d.h. sie sind natürliche Automaten.

---

7 AT IV, 575 (Brief an den Marquis de Newcastle vom 23. Nov. 1646)
8 AT VI, 57 (Discours de la méthode, 5. Teil)
9 Ebd.
10 Ebd.

Da die Sprache von Descartes als Ausdruck von Gedanken definiert ist, über die nur Menschen verfügen, kann sie nur den Menschen eigen sein. Angst- und Freudenausrufe z.B. sind aus dem Bereich der Sprache auszuschließen, da sie sich auf Passionen beziehen. Tiere und Maschinen können diese natürlichen Zeichen ebenso hervorbringen, aber sie dürfen deshalb nicht mit der Sprache oder den Worten verwechselt werden, "car on ne doit pas confondre les paroles avec les mouvements naturels, qui tesmoignent les passions, & peuvent estre imitez par des machines aussy bien que par les animaux."[11]

I.B. Das Verhältnis von Idee und Sprache.

Sprache ist der körperliche Ausdruck unserer Gedanken. Die angemessene sprachliche Reaktion, die nur Menschen möglich ist, gilt für Descartes als Beweis dafür, daß die körperlichen Laute von der raison geordnet werden. Die Sprache ist aber kein Abbild der Ideen; denn nicht der Wortlaut ist Gegenstand des Denkens, sondern die Bedeutung der Wörter. Die körperlich hervorgebrachten Laute sind willkürlich. Im Spannungsfeld der körperlichen und geistigen Komponenten im Menschen ist für Descartes die Sprache ein Beweis für die Unterscheidung und die Unabhängigkeit des Denkens vom Körper und von den körperlichen Lauten, mit denen Gedanken ausgedrückt werden. Buchstaben und Lautformen sind körperliche Dinge, und ihre Bedeutungen sind Gedanken in unserem Geist:

"Les lettres ou la prononciation de certains mots, qui sont des choses materielles, [...] leurs significations, qui sont des pensées;"[12]

Descartes diskutiert darüber u.a. in seiner Auseinandersetzung mit Hobbes. Er schreibt, daß die Vereinigung ("*assemblage*"), die die raison vornimmt ("*qui se fait dans le raisonnement*"), "n'est pas celuy des noms, mais bien celuy des choses signifiées par les noms;"[13]

---

11 A.a.O., 58
12 AT IV, 604 (Brief an Chanut vom 1. Febr. 1647)
13 AT IX-1, 139 (Antwort auf Einwände von Hobbes zur zweiten Meditation); vgl. auch Ulrich Ricken, Sprachtheorie und Weltanschauung in der europäischen Aufklärung, Berlin 1990, 14f.

Hobbes wendet sich gegen Descartes' Unterscheidung von sinnesbedingten und sinnesunabhängigen oder reinen Ideen. Er vertritt wie Gassendi, der auch Locke beeinflußte, die Annahme, daß alles Denken auf Sinneserfahrung zurückzuführen ist. Die Rolle der Sprache wird dadurch erklärt, sodaß sie nicht mehr nur Abbild oder Äußerung des Denkens und der eingeborenen Ideen ist. Hobbes unterscheidet zwischen den im Wortlaut gegenwärtigen Vorstellungen der Dinge und den denkunabhängigen Dingen, wobei die Zuordnung von Namen und Ideen willkürlich sei. Descartes, für den die Unabhängigkeit des Denkens von Körperlichem feststeht, trennt den Wortlaut von der Bedeutung oder das Zeichen von den Gedanken.[14]

Der arbiträre Charakter der Sprachzeichen kennzeichnet ebenfalls den Unterschied zwischen Körper und Geist, denn ein Franzose und ein Deutscher können sehr wohl die gleichen Gedanken und Vernunftschlüsse haben, die eine Sache betreffen, dennoch erfassen sie sie mit gänzlich verschiedenen Wörtern:

"Car qui doute qu'un François & qu'un Alleman ne puissent avoir les mesmes pensées ou raisonnemens touchant les mesmes choses, quoy que neantmoins ils conçoivent des mots entierement differens?"[15]

Unser Reden und Urteilen bezieht sich eher auf die Bedeutung einer Sache als auf Wörter allein;

"Car s'il [Hobbes] admet que quelque chose est signifiée par les paroles, pourquoy ne veut-il pas que nos discours & raisonnemens soyent plustost de la chose qui est signifiée, que des paroles seules?"[16]

Wörter können jedoch zu Irrtümern führen, wenn ihrem Gebrauch keine klaren und deutlichen Begriffe zu Grunde liegen, sondern nur dunkle und verworrene. Mittels der Sprache drücken wir die Gedanken aus und behalten sie mit den entsprechenden Wörtern im Gedächtnis.

Der willkürliche Charakter der sprachlichen Zeichen wirkt sich auf die Einschätzung der Gewißheit sprachlicher Äußerungen aus, die geringer ist als die Gewißheit mathematischer Prinzipien. Körperliche Sprachzeichen lassen unterschiedliche Lesarten zu. Will man eine Chiffre oder eine geheime Nachricht, die

---

14 Ebd.
15 Ebd.
16 Ebd.

mit gewöhnlichen Buchstaben geschrieben ist, entziffern, indem man überall da, wo ein A steht, ein B liest, und ein C, wo ein B steht, so wird man nicht daran zweifeln, den wahren Sinn der Chiffre gefunden zu haben, obwohl es möglich bleibt, daß der Briefschreiber jedem Buchstaben eine andere Bedeutung gegeben hat.[17] Die Bedeutung von Sprache ist also nicht eindeutig. Eine größere Gewißheit haben die Urteile, die durch mathematische und andere evidente Prinzipien bewiesen werden können.[18]

Da das Gedächtnis der Täuschung ausgesetzt ist, kann es geschehen, daß wir uns leichter an die Wörter als an die von ihnen bezeichneten Sachen erinnern und uns mit Wörtern verständlich machen, denen in ihrer Bedeutung kein deutlicher Begriff der Sache zu Grunde liegt:

"Au reste, parce que nous attachons nos conceptions à certaines paroles, afin de les exprimer de bouche, et que nous nous souvenons plustost des paroles que des choses, à peine sçaurions-nous concevoir aucune chose si distinctement, que nous separions entierement ce que nous concevons d'avec les paroles qui avoient esté choisies pour l'exprimer."[19]

Die Vorstellung der Wörter ist etwas anderes als die Vorstellung der Dinge, und das ist die Ursache dafür, daß man oft aufmerksamer den Wörtern zuhört, als die Sache selbst zu beachten, und daß man Worten zustimmt, die man nicht verstanden hat. Dies führt auch dazu, daß über Sachen geredet wird, die nicht erkannt sind. Den Wörtern entsprechen nur dunkle oder verworrene Begriffe:

"Atque in rebus, quas prorsus ignorant, obscuras saepe veritates quasi per nebulum se videre praesagiunt, quas proponere non verentur, conceptus suos quibusquam verbis alligantes, quorum ope multa disserere et consequenter loqui solent, sed quae revera nec ipsi, nec audientes intelligunt."[20]

Zur Vermeidung eines fehlerhaften Gebrauchs der Wörter sind die dunklen und verworrenen von den klaren und deutlichen Begriffen zu unterscheiden und nur Wörter zu gebrauchen, die eine klar und deutlich erkannte Sache zum Ausdruck bringen.

---

17 AT IX-2, 323 (Prinzipien, 4. Teil)
18 A.a.O., 206
19 A.a.O., 60/61 (Prinzipien, 1. Teil)
20 AT X, 428 (Regulae ad directionem ingenii, XII)

Beim Erlernen einer Sprache sind deshalb ihre unterschiedlichen Prinzipien zu erkennen und ebenso die enge Verbindung, die zwischen der Vorstellung einer Sache und dem sie bezeichnenden Wortlaut besteht. Wenn man eine Sprache erlernt, verbindet man die Buchstaben oder die Aussprache bestimmter Wörter, die materielle Dinge sind, mit ihren Bedeutungen, die Gedanken sind. Die Verbindung oder Assoziation geschieht in der Art, daß Körperbewegungen oder Körperdispositionen beim wiederholten Hören desselben Wortes zum Begriff der entsprechenden Sache führen. Stellt man sich die Sache erneut vor, so erinnert man sich des entsprechenden Wortes. Wenn die Seele sich erinnert, veranlaßt sie ("*elle prepare*") die entsprechenden Körperdispositionen.

"Ainsi, lors qu'on apprend une langue, on ioint les lettres ou la prononciation de certains mots, qui sont des choses materielles, avec leurs significations, qui sont des pensées; en sorte que, lors qu'on oyt derechef les mesmes mots, on conçoit les mesmes choses, on se ressouvient des mesmesmots"[21]

Innerhalb seiner Überprüfung eines Projektes, das eine Universalsprache vorsieht, äußert sich Descartes auch über grammatikalische und lautliche Probleme. Zum Erlernen einer neuen Sprache ist es notwendig, sich Kenntnisse über die Bedeutung der Wörter und über die Grammatik zu erwerben:

"Cette proposition d'une nouvelle langue semble plus admirable à l'abord, que je ne la trouve en y regardant de prés; car il n'y a que deux choses à aprendre en toutes les langues, à scavoir la signification des mots, & la grammaire."[22]

I.C. Leib-Seele Interaktionen.

Bei der Unterscheidung des Menschen vom vernunft- und seelenlosen Tier ist die Sprache als das untrügliche Kriterium für das Denken und die Ideen angesehen worden. Das Verhältnis zwischen Ideen und den sie ausdrückenden sprachlichen Zeichen ist das einer willkürlichen Setzung. Für Descartes dient die Auseinandersetzung mit der Sprache in erster Linie der Gegenüberstellung körperli-

---

21 AT IV, 604 (Brief an Chanut vom 1. Febr. 1647)
22 AT I, 76 (Brief an Mersenne vom 20. Nov. 1629)

cher und geistiger Vorgänge. Die Sprache hat so auch die Funktion eines Bindeglieds zwischen körperlichen und geistigen Aspekten im Menschen, weil durch sie geistige Inhalte mit körperlichen Mitteln transportiert werden. Sie bezeichnet deshalb einen der Punkte, an denen die beiden Substanzarten Körper und Geist miteinander verbunden sind.

Descartes lehrt in seinem metaphysischen Werk "*Meditationes de Prima Philosophia*", das erstmals 1641 in Paris erschien, die Verschiedenheit der menschlichen Seele vom Körper. Ausgehend von der Gewißheit der Eigenexistenz im "cogito ergo sum", beweist er die Existenz Gottes und die Unsterblichkeit der Seele, die substantiell verschieden ist vom Leib. Die beiden geschaffenen Substanzen sind so voneinander getrennt, daß die Seele oder der Geist als "res cogitans" nur denkt und nicht ausgedehnt ist und die Materie als "res extensa" nur ausgedehnt ist und nicht denkt. Zum Wesen des Geistes gehört neben dem Denken noch das Wollen. Die Seele hat keine vegetativen und keine sinnlichen Funktionen. Das Wesen der Körper oder der Materie besteht nur in der Ausgedehntheit. Körper besitzen keine Kraft und verhalten sich nur passiv. Ihr Verhalten wird durch die Korpuskularphysik beschrieben, die mit Hilfe von Größe, Gestalt und Bewegung der Körper erklärt wird. Die körperlichen Prinzipien behandelt Descartes ausführlich in seinem Lehrbuch "*Principia philosophiae*", das 1644 erschien.

I.C.1. Physiologische Abläufe.

Auch die Abläufe innerhalb des menschlichen Körpers werden durch die Korpuskularphysik beschrieben. Da der menschliche Körper ebenso wie die tierischen Körper eine Maschine ist, sind die physiologischen Abläufe bei der Hervorbringung von Lauten und körperlichen Sprachzeichen bei Mensch und Tier vergleichbar. Sinnliche Ideen oder Vorstellungen entstehen durch die Vermittlung der Sinne, wie z. B. durch die Töne im Ohr und durch Bewegungsänderungen im Gehirn, in dem der Gemeinsinn (le sens commun) die Eindrücke des inneren und äußeren Sinnes aufnimmt, das Gedächtnis sie aufbewahrt und die Phantasie sie verändert.[23] Veränderungen im menschlichen Körper sind mechanisch-physikalischen Vorgängen vergleichbar, wie sie in allen Maschinen anzutreffen sind. Descartes stellt die künstlichen Maschinen, die von Menschen

---

23 AT X, 410 ff. (Regulae, Regel XII)

unter Verwendung nur weniger Teile hergestellt werden, den Körpern von Lebewesen gegenüber, die aus einer großen Anzahl von Knochen, Muskeln, Nerven, Arterien, Venen und anderen Teilen bestehen und in denen man das unvergleichbare Werk Gottes erkennt:

> "Une maschine, qui ayant esté faite des mains de Dieu, est incomparablement mieux ordonnée, et a en soy des mouvemens plus admirables, qu'aucune de celles qui peuvent estre inventées par les hommes."[24]

Der menschliche Körper unterliegt wie alle Maschinen den Gesetzen der Mechanik. Die Abläufe in tierischen und menschlichen Organismen sind den Funktionen von Automaten oder Maschinen vergleichbar, was Descartes im "*Traité de l'homme*" darlegt. Alle Fähigkeiten der Ernährung, der Fortpflanzung und der Bewegung sowie die Erregung der inneren und äußeren Sinne sind durch das Zusammenspiel zweckmäßig angeordneter Teile (dispositio partium) in dem Leibautomaten erklärbar. In "*Le Monde*" heißt es von einer Maschine, die Gott unserem Körper gleich erschuf:

> "[...] il met au dedans toutes les pieces qui sont requises pour faire qu'elle marche, qu'elle mange, qu'elle respire, & enfin qu'elle imite toutes celles de nos fonctions qui peuvent estre imaginées proceder de la matiere, & ne dependre que de la disposition des organes."[25]

Descartes vergleicht die physiologischen Vorgänge mit den Vorgängen in den hydraulischen Gartenkunstfiguren seiner Zeit. Mit dieser Metapher erklärt er die sogenannte Zirbeldrüse im mittleren Gehirnventrikel zur Steuerungszentrale aller organischen Funktionen, dazu den Verlauf der motorischen Nerven zu den Muskeln und die verschiedenen Bewegungen der sogenannten Animalgeister, sehr kleiner Materienteilchen, durch die der Blutkreislauf, die Atmung und die unwillkürlichen Körperbewegungen ausgeführt werden.[26]

---

24 AT VI, 56
25 AT XI 120
26 AT XI, 130-132

I.C.2. Die Interaktion.

Descartes lehrt die substantielle Verschiedenheit von Körper und Geist. Aber im Menschen sind beide eng miteinander verbunden. Ihre Vereinigung ist nicht rational zu begreifen, sondern, unter Absehung von metaphysischen Überlegungen, als etwas Gegebenes zu betrachten, wovon wir nur aus der Erfahrung Kenntnis haben. Neben dem theoretischen Wissen um den Dualismus zweier Substanzarten verfügen wir über die Erfahrung einer wirklichen Vereinigung von Körper und Geist im Menschen. Im Brief an die Prinzessin Elisabeth schreibt Descartes, daß wir "*par l'entendement seul*" diese Vereinigung nur undeutlich erkennen können und sie am ehesten in der Erfahrung wahrnehmbar wird:

> "Les choses qui appartiennent à l'union de l'ame & du corps, ne se connoissent qu'obscurement par l'entendement seul, ny mesme par l'entendement aidé de l'imagination; mais elles se connoissent tres clairement par les sens. D'ou vient que ceux qui ne philosophent jamais, & qui ne se servent que de leurs sens, ne doutent point que l'ame ne meuve le corps, & que le corps n'agisse sur l'ame; mais ils considerent l'un & l'autre comme une seule chose, c'est à dire, ils conçoivent leur union; car concevoir l'union qui est entre deux choses, c'est les concevoir comme un seul"[27]

Die theoretische Erkenntnis der Verschiedenheit von Körper und Geist und die Tatsache ihrer Vereinigung im Menschen sind schwer zu vereinbaren. Aber die Sinne und die Leidenschaften oder Passionen der Seele lassen die Vereinigung von Leib und Seele erkennen. Diese gleicht nicht dem Verhältnis eines Kapitäns zu seinem Schiff (ein Bild, das in der scholastischen Engellehre verwendet wurde), da der Kapitän beim Bruch seines Schiffes keine Schmerzen empfindet, während der Mensch sehr wohl bei einer Verletzung seines Körpers Schmerz empfindet und die Idee der Traurigkeit hat. Auch Empfindungen wie Hunger und Durst haben wir nur durch unsere Vereinigung mit einem Leib.

Diese sinnlichen Ideen nennt Descartes undeutliche Modi des Denkens. Die Wahrnehmung "rot", die durch den Gesichtssinn hervorgerufen wird, ist klar, aber nicht deutlich, da keine genaue begriffliche Definition von "rot" möglich ist, wie bei den reinen Ideen des Geistes. Die Idee Gottes oder die Idee des Dreiecks, die der Geist von Natur aus hat, kann er deutlich erkennen.

---

[27] AT III, 691

Undeutliche Ideen hat der Geist nur aufgrund seiner Vereinigung mit einem Körper, der mit den inneren und äußeren Sinnen ausgestattet ist. Daß bestimmte Bewegungen in den Nervenendungen der Sinne immer die gleichen undeutlichen Ideen im Geist hervorrufen, dafür steht die Treue oder die Wahrhaftigkeit Gottes, der dies so gewollt hat. Es sind Zeichen oder Signale, die von Natur aus festgelegt sind und die keine Ähnlichkeit mit den Gedanken haben, wie z.B. die Luftschwingungen der Töne mit den sie hervorrufenden Empfindungen. Die Zeichen erlangen erst in der Wahrnehmung eine Bedeutung, vergleichbar der Sprache, deren Zeichen durch die Menschen eingerichtet wurden:

> "[...] pourquoy la Nature ne pourra-t'elle pas aussi avoir establý certain signe [sic], qui nous fasse avoir le sentiment de la Lumiere, bien que ce signe n'est rien en soy, qui soit semblable à ce sentiment? Et n'est-ce pas ainsi qu'elle a establý les ris & les larmes, pour nous faire lire la joye & la tristesse sur le visage des hommes?"[28]

Die Seele hat außerdem Empfindungen durch Bewegungen in den äußeren Sinnen. Die Nerven, die in der Haut des ganzen Körpers enden, können so affiziert werden, daß sowohl Lust als auch Schmerz empfunden wird. Die übrigen äußeren Sinne sind die des Geschmackes, des Geruchs, des Gehörs und des Sehens.

Zwischen den Bewegungen in den Organen und der Wahrnehmung oder Empfindung der Seele besteht keine Ähnlichkeit. Die Bewegungen eines Degens oder die Verletzungen des Körpers durch ihn sind völlig verschieden von dem Gefühl des Schmerzes. Auch die Vorstellungen von äußeren Dingen, die die Seele anläßlich einer Rede oder einer Schrift bildet, sind verschieden von den Luftbewegungen im Ohr und den schreibenden Bewegungen der Feder. Allerdings entstehen diese Vorstellungen nicht unmittelbar in der Seele, sondern sind nur Gedanken, anläßlich derer die Seele die Dinge vorstellt. Ein weiterer Unterschied besteht zwischen der Gestalt, der Größe und der Bewegung der Korpuskeln in äußeren Dingen und den Bewegungen der Sinnesorgane einerseits und den Wahrnehmungen oder Empfindungen der Seele andererseits.

Die genauen Abläufe der Wechselbeziehung zwischen Leib und Seele erklärt Descartes nicht ausführlich. Er nennt aber die Zirbeldrüse den "*principal siege de l'ame*". In ihr hat die Seele die engste Verbindung mit dem Körper. Hier nimmt sie die Sinneseindrücke wahr, und sie hat so viele Perzeptionen, wie es Bewegungen der Animalgeister in der Zirbeldrüse gibt. Die Zirbeldrüse ist für Descartes deshalb die Vermittlungstation zwischen Körperbewegungen und Gedanken:

---

28 AT XI, 4 (Le Monde)

"Et il est utile icy de scavoir que, comme il a deja esté dit cy dessus [sic], encore que chaque mouvement de la glande semble avoir esté joint par la nature à chacune de nos pensées, dés le commencement de nostre vie, on les peut toutefois joindre á d'autres par habitude: ainsi que l'experience fait voir aux paroles, qui excitent des mouvements en la glande, lesquels, selon l'institution de la nature ne representent à l'ame que leur son, lors qu'elles sont proferées de la voix, ou la figure de leurs lettres, lors qu'elles sont escrites, & qui neantmoins, par l'habitude qu'on a aquise en pensant à ce qu'elles signifient, lors qu'on a ouy leur son ou bien qu'on a vû leurs lettres, ont coustume de faire concevoir cette signification, plustost que la figure de leurs lettres ou bien le son de leurs syllabes."[29]

Gleichzeitig kann die Seele die Zirbeldrüse so bewegen, daß die Lebensgeister in die Muskeln weitergeleitet werden, um die Glieder zu bewegen:

"Adjoustons icy que la petite glande qui est le principal siege de l'ame, est tellement suspendue entre les cavitez qui contienent ces esprits, qu' elle peut estre meue par eux en autant de diverses façons, qu'il y a de diversitez sensibles dans les objets; mais qu'elle peut aussi estre diversement meue par l'ame, laquelle est de telle nature qu'elle reçoit autant de diverses impressions en elle, c'est à dire, quelle a autant de diverses perceptions, qu'il arrive de divers mouvemens en cette glande. Comme aussi reciproquement la machine du corps est tellement composée, que de cela seul que cette glande est diversement meue par l'ame, ou par telle autre cause que ce puisse estre, elle pousse les esprits qui l'environnent vers les portes du cerveau, qui les conduisent par les nerfs dans les muscles, au moyen de quoy elle leur fait mouvoir les membres."[30]

Die Seele ist nicht an den *unwillkürlichen* Bewegungen des Atmens, Essens oder Gehens beteiligt. Mit diesen Tätigkeiten, die unser Körper oder unsere Leibmaschine ausführt, gleichen wir den Tieren. Die Seele übernimmt aber die Steuerung der *willkürlichen* Bewegungen des Leibes. Sie erzeugt jedoch nicht Bewegung, sondern ändert durch ihr Wollen die Richtung der bereits in Bewegung befindlichen Zirbeldrüse und damit verbunden den Lauf der Animalgeister in den Nerven. Das Tätigsein bezeichnet die eine Funktion der Seele. Die andere besteht in der Wahrnehmung oder Perzeption von Leidenschaften oder Passionen. Die Seele hat demnach zwei Arten von Gedanken. Einige der Gedanken der Seele sind Tätigkeiten, d.h. ihre Willensakte; die anderen sind ihre Passio-

---

29 AT XI 369 (Passions, I, Article 50.)
30 A.a.O., 355, 11-14 (Article 34)

nen oder Leidenschaften. Dies sind alle Arten von Perzeptionen, die sie von vorgestellten Dingen erhält:

> Celles que je nomme ses actions, sont toutes nos volontez, à cause que nous experimentons qu'elles viennent directement de nostre ame, & semblent ne dependre que d'elle. Comme, au contraire, on peut generallement nommer ses passions, toutes les sortes de perceptions ou connoissances qui se trouvent en nous, à cause que souvent ce n'est pas nostre ame qui les fait telles qu'elles sont, & que tousjours elle les reçoit des choses representées par elles."[31]

Descartes' Äußerungen über das *Commercium* von Leib und Seele lassen sowohl die Annahme eines "*Influxus physicus*" wie auch eines Occasionalismus zu.[32] Dessen Anhänger lehren, daß nicht die Seele selbst mittels der Zirbeldrüse den Leib bewegt, sondern Gott, der Leib und Seele so erschaffen hat, daß anläßlich des Willens der Seele, den Körper zu bewegen, dies so geschieht, wie die Seele es will. .Nicht nur der Körper, als ausgedehnte Materie definiert, ist passiv und kann von sich aus keine Bewegung hervorbringen, sondern auch der Geist ist nicht fähig, allein den Leib zu bewegen. Die "*Occasionalisten*" leiten aus dem Dualismus von Körper und Geist die Unmöglichkeit einer transeunten Wechselwirkung beider ab. Die Wirkungen gehen von Gottes Willen aus. Es besteht kein kausaler Nexus zwischen Leib und Seele, nur eine beiderseitige Zuordnung. Occasionalistische Autoren stützen sich oft auf die von Descartes gebrauchten Formulierungen und nehmen an, daß ihre Leib-Seele-Theorie die Weiterentwicklung von occasionalistischen Ansätzen bei Descartes ist.[33]

---

31 A.a.O., 342 (Article 17
32 Vgl. Rainer Specht: "René Descartes", in: Klassiker der Philosophie I: Von den Vorsokratikern bis David Hume, hrsg. von O. Höffe. München 1985; hier: 315
33 Vgl. ders.: Commercium mentis et corporis. Über Kausalvorstellungen im Cartesianismus. Stuttgart-Bad Cannstatt 1966, 47ff.

II. Cordemoy.

II.A. Grundzüge seiner Philosophie.

Géraud de Cordemoy lebte von 1626 bis 1684. Er wurde als fünftes Kind eines Sprachlehrers und Advokaten in Paris geboren. Er war Advokat am obersten Gerichtshof Frankreichs. 1675 wählte man ihn zum Mitglied der Académie française, deren Direktor er später wurde. Nach dem Auftrag, die Geschichte Karls des Großen zu schreiben, hat er seine Interessen von der Philosophie auf die Historie verlagert.[34]

Seine philosophischen Schriften sind: "Le discernement du corps et de l'âme", "Discours physique de la parole" und "Deux traités de métaphysique".

Cordemoy ist im Unterschied zu Descartes Atomist. Er stellt in seinen Werken die Symmetrie von Geist und Körper dar, indem er nicht nur die Passivität des Körpers, sondern auch des Geistes annimmt. Anders als Descartes behauptet er, daß Gott auch die Gedanken erzeugt. Damit kann von Cordemoy gesagt werden, daß er im eigentlichen Sinne als Occasionalist zu bezeichnen ist.[35]

Sein Hauptwerk "Le discernement du corps et de l'âme" von 1666 erschien in vierter Auflage 1704 unter dem Titel "Six discours sur la distinction et l'union du corps et de l'âme". Er entwickelt darin seine occasionalistischen Thesen zur Kausalität und seinen vom cartesischen verschiedenen Begriff der Materie. Er geht nicht wie Descartes von der Annahme einer unendlich teilbaren Materie aus, sondern von unteilbaren, unveränderlichen Teilchen oder Atomen, die er Körper nennt, und im I., IV.und V. Discours beschreibt.

Er verfaßt seine Hauptschrift methodisch so, daß er von evidenten Sätzen, die er auch Definitionen oder Axiome nennt, zur Beweisführung fortschreitet, die er manchmal als conclusions bezeichnet. Obwohl er Descartes in seinem Werk nicht erwähnt, erweist er sich in vielen Punkten als Anhänger cartesischer Theorien, so z.B. bei der Heranziehung der Animalgeister zur Erklärung bestimmter physiologischer Abläufe. Er verwendet z. B. in der IV. Conclusion des

---

34 Vgl.Wolfgang Röd: Geschichte der Philosophie, Band VII: Die Geschichte der Neuzeit 1, München 1978, 117f.
35 Vgl. Specht, a.a.O. (Commercium), 141-147

IV. Discours [36] den Ausdruck esprits für die kleinen Materieteilchen, mit denen er die organischen Vorgänge in der Leibmaschine erklärt und die Descartes "esprits animaux" nennt. Die Bedeutung der Zirbeldrüse als organischer Sitz der Seele, die in der leib-seelischen Wechselbeziehung bei Descartes eine wichtige Rolle spielt, wird nicht behandelt.

Cordemoy nimmt in einem Brief vom 5. November 1667 an den Jesuitenpater Cossart Stellung zu Descartes' physikalischem Weltbild. Er interpretiert dessen Lehre über das Licht, über die Funktionen organischer Körper, über Tiere, die natürliche Automaten sind und über die menschliche Seele im Sinne des biblischen Buches Genesis, um zu zeigen, "que sa philosophie n'a rien de dangereux", weil sie der Genesis und der Lehre der Kirche nicht widerspricht[37]

> "Ainsi j'estime que, pour trouver les principes d'une Physique infaillible, il ne les faut chercher que dans l'histoire qu'il [Moses] nous a donnée de la création du Monde" [38]

II.B. Die Sprachtheorie im " Discours physique de la parole".

Cordemoys "*Discours physique de la Parole* " erschien 1668 und stellt neben der Grammatik von Port-Royal die wichtigste Analyse der Sprache dar, die sie unter dem Aspekt der cartesischen Leib-Seele Lehre abhandelt.[39] Er untersucht darin, welchen Anteil der menschliche Körper und und welchen der Geist an der sprachlichen Kommunikation haben. und wie Zeichen und Gedanken, die so verschieden sind, die Vereinigung beider unter Beweis stellen. Der wie eine Maschine zu verstehende menschliche Organismus bringt die Sprachzeichen hervor, mittels derer die Gedanken anderen mitgeteilt werden. Cordemoy sieht in der Sprache nicht nur den Beweis für die Eigenständigkeit des Geistes, sondern auch die Möglichkeit der Erkenntnis der Seele anderer Menschen. .

---

36 Cordemoy, Oeuvres philosphiques, Edition par P. Clair et F. Girbal, Paris 1968; darin: Discernement duCorps et de l'Ame (DCA), 142
37 Cordemoy, a.a.O., Lettre écrite au R. P. Cossart de la Compagnie de Jésus, 272
38 A.a.O., 257
39 H. Weiß: Universalgrammatiken aus der ersten Hälfte des 18. Jh. in Deutschland. Münster 1992, 21

II.B.1. Einzelne Punkte der Einleitung des "Discours physique de la parole".

Cordemoy stellt in seiner Einleitung zum "*Discours physique de la parole*" die sieben Hauptpunkte seiner Abhandlung vor, wobei die Sprache als das Mittel zur Erkenntnis anderer angesehen wird. So wie die Unterschiedenheit von Körper und Geist zum Erkennen der eigenen Person führt, so führt sie auch zum Erkennen der Existenz anderer. Von diesem Aspekt ausgehend, nennt Cordemoy die sieben Hauptthemen seiner Abhandlung über die Sprache.
1. Die Reden anderer anläßlich bestimmter Gelegenheiten lassen zwar eine Ähnlichkeit mit den Tieren erkennen, die auch Geräusche, Laute und sogar Worte hervorbringen können und die auch über einen Körper verfügen; sie zeigen aber, daß diese anderen, die sprechen, nicht ohne Vernunft (raison) sind.[40]
2. Reden ist nichts anderes, als Zeichen des Denkens zu geben. Neben den natürlichen Zeichen der Leidenschaften oder Passionen der Seele gibt es die durch Einrichtung oder Einsetzung entstandenen Zeichen, die der Verständigung dienen. Die Weise, in der Kinder ihre Muttersprache lernen und wie eine Fremdsprache erlernt wird, zeigt eine Ordnung, die von den Grammatikern zur Regelbildung übernommen wird und die letzlich in der Vernunft begründet ist.[41]
3. Neue Argumente für die Verschiedenheit von Körper und Geist bringt der Anteil des Körpers an der Sprache, der in der phonetischen Beschreibung der Entstehung der Vokale und Konsonanten dokumentiert wird. Ohr und Gehirn sind ebenfalls bei Kommunikationsvorgängen beteiligt.[42]
4. Dadurch ist es erklärbar, daß Tiere keine Seele brauchen, um zu schreien oder um Stimmen nachzuahmen. Sie bedürfen dazu nur ihres Körpers und seiner Organe. Beim Menschen kommt zu der Stimme, die der Körper hervorbringt,
die Bedeutung oder die Idee des Lautes hinzu, die den Anteil der Seele an der Sprache ausmacht.[43]
5. Drei Arten von Zeichen bringen die Gedanken zum Ausdruck: die Laute, die Schrift und die Körperzeichen, die wiederum unterschiedlich sind. Die Schwierigkeit, mit der manche sich ausdrücken oder eine neue Sprache erlernen, beruht nicht auf einem Mangel des Geistes, sondern hängt ab von der Be-

---

40 Cordemoy, a.a.O., Discours Physique de la Parole (DPP), Préface, 1
41 A.a.O., 2
42 A.a.O., 3
43 A.a.O., 4.

schaffenheit des Gehirns und der Körperteile, die an der Bildung der Stimme beteiligt sind.[44]

6. Die Beredsamkeit erfordert zwei natürliche Begabungen, aber man kann den Mangel der einen mit der Kunstfertigkeit der anderen ausgleichen. Es wird erklärt, woher die Sprachfehler kommen und wie man sie korrigieren kann. Ohne Berücksichtigung moralischer Aspekte wird auch untersucht, wieso Lügen die Wirkungskraft und die Gefälligkeit einer Rede verringern und, wieso deshalb der Redner ein Ehrenmann sein sollte.[45]

7. Es wird geprüft, wie Geister oder Seelen, die nicht mit Körpern vereint sind, einander ihre Gedanken mitteilen können. Ihre Kommunikation müßte leichter sein, da sie sich nicht der Zeichen zu bedienen brauchten. Die Gedanken eines Geistes wären für einen anderen Geist klar zu erkennen. Erleuchtetere Geister leiten unseren Geist, und es ist leicht zu verstehen, daß uns ihre Gedanken durch Inspiration mitgeteilt werden.[46]

In der Einleitung wie später in seiner Abhandlung nennt Cordemoy zwei Arten des Sprachverständnisses, die er untersucht: a) Zeichen für unsere Gedanken zu finden:"*donner des signes de la pensée*"[47] und b) diese Gedanken auf unterschiedliche Weise einander mitzuteilen: "*les diverses manieres, dont les pensées se peuvent communiquer*".[48] Für Cordemoy ist also das wesentliche Merkmal der Sprache die Mitteilung der Gedanken, die bei den Menschen gewöhnlich mittels äußerer Zeichen geschieht.

---

44 A.a.O., 5
45 A.a.O., 6.
46 A.a.O., 7.
47 A.a.O., 2.
48 A.a.O., 7

II.B.2. Funktionen der Sprache bei Cordemoy. Sprache als Mittel der Erkenntnis anderer Menschen.

Dienten die sechs *"Discours sur la distinction et l'union du corps et de l'ame"* der Selbsterkenntnis, so dient der DPP der Untersuchung der Sprache als Mittel der Erkenntnis anderer:

> "J'ay proposé dans les six Discours, qui ont précedé celuy-cy, le moyen de se connoître; [...] Je propose maintenant le moyen de connoître les autres; & ce moyen est la Parole."[49]

In Anlehnung an Descartes' methodischen Zweifel, der diesen in den "Meditationen" zu Gewißheit der Existenz Gottes und der Verschiedenheit von Körper und Seele führt, bezweifelt Cordemoy, daß alle Körper, die dem seinigen gleichen, wie er selbst mit einer denkenden Seele verbunden sind, *"me proposant de ne le pas croire, à moins que j'en aye des signes si évidens, qu'il ne me soit plus permis d'en douter."* [50]

Die Abhandlung beginnt mit der Feststellung, daß es organische Körper gibt, die in allen Dingen dem Autor ähnlich sind und die gleichen Dinge tun, sodaß eine Neigung besteht, *"à croire qu'ils sont unis à des ames comme la mienne."* [51]

Aber die Überlegung, daß sein Körper Handlungen ausführt, die verschieden sind von denen der Seele, läßt ihn so lange daran zweifeln, daß die Körper der anderen mit einer Seele vereinigt sind, *"jusqu'à ce que j'aye examiné toutes leurs actions"*.[52]

Man kann beobachten, daß viele Tätigkeiten nur der Erhaltung des menschlichen Körpers dienen, wie z.B. atmen und essen, die Kälte meiden und die Wärme suchen oder aufeinander zugehen. Diese Tätigkeiten scheinen nur durch die Disposition unserer Organe verursacht und nicht durch unsere Seele:

> "tout cela ne me doit point faire croire qu'il y a autre chose en eux, qu'un certain ordre d'organes & de parties, qui est merveilleux à la verité, mais si dépendant du cours

---
49 Preface
50 A.a.O., 1
51 DPP, 1
52 Ebd.

> & de l'arrangement du reste de la matiere, que je l'ay reconnu en moy pour la seule cause de la nourriture, du sommeil, de la respiration, & de la force, que les objets ont de remuer le cerveau en tant de façons surprenantes."[53]

Descartes schreibt Ähnliches in seinem Brief vom 23. Nov. 1646 an den Marquis de Newcastle:

> "car il arrive souvent que nous marchons & que nous mangeons, sans penser en aucune façon à ce que nous faisons; & c'est tellement sans user de nostre raison que nous repoussons les choses qui nous nuisent,[...]"[54]

Allein die Beobachtung, daß diese Körper Dinge tun, die nicht ihrer Erhaltung, sondern ihrer Zerstörung dienen, läßt vermuten, daß es etwas vom Körper Verschiedenes gibt, was diese Effekte hervorbringt. Genauso verhält es sich mit der Sprache. Alle Laute oder Töne werden mechanisch hervorgebracht durch den Körper, der die Luft ausstößt oder die Muskeln im Mund bewegt. Eine Maschine könnte ebenfalls Laute oder Worte hervorbringen. Wie Papageien oder das Echo können sie Töne mit dem gleichen Wortlaut und in der gleichen Anordnung wiederholen, und es besteht kein Grund dazu anzunehmen, daß sie Gedanken oder eine Seele haben wie wir. Aber die Körper, die dem des Autors gleichen, bringen fast nie Worte in der gleichen Reihenfolge hervor, sondern sie äußern je nach Situation andere, so wie er es tun würde, um verstanden zu werden, und wie Menschen es tun, deren Körper, wie der seinige, mit einer Seele vereint sind. Diejenigen Reden oder Wörter,

> "qu'ils proferent, répondent si parfaitement au sens des miennes, qu'il ne me paroît plus sujet de douter qu'une Ame ne fasse en eux ce que la mienne fait en moy"[55]

Von sprechenden Papageien oder vom Echo kann man nicht sagen, daß sie im eigentlichen Sinn *reden* können:

> "Car il me semble que 'parler' n'est pas repeter les mêmes paroles, dont on a eu l'oreille frappée, mais que c'est en proferer d'autres à propos de celles-là."[56]

---

53 Ebd. S. 2
54 AT IV, 573
55 DPP, 5

33

Descartes schreibt Ähnliches im "*Discours de la méthode*":

> "..jamais elles ne pourroient user de paroles , ny d'autres signes en les composant, comme nous faisons pour declarer aux autres nos pensées. Car on peut bien concevoir qu'une machine soit tellement faite qu'elle profere des paroles, & même qu'elle en profere quelques unes à propos des actions corporelles qui causeront quelque changement en ses organes: comme, si on la touche en quelque endroit, qu'elle demande ce qu'on luy veut dire; si en un autre, qu'elle crie qu'on luy fait mal, & choses semblables; mais non pas qu'elle les arrenge diversement, pour respondre au sens de tout ce qui se dira en sa presence ainsi que les hommes les plus hebetez peuvent faire."[57]

Reden heißt, demjenigen seine Gedanken bekannt zu machen, der fähig ist, sie zu verstehen:

> "Parler, à mon avis, n'est autre chose que faire connoître ce que l'on pense, à ce [sic] qui est capable de l'entendre;"[58]

Vorausgesetzt, die anderen Körper haben wie ich eine Seele, so besteht das einzige ersichtliche Mittel, einander die Gedanken zu erklären, darin, einander äußere Zeichen davon zu geben ("*des signes extérieurs*"). Die Verständigung funktioniert auf Grund eines gemeinsamen Zeichenbesitzes in der Weise, daß die anderen mir auf meine Zeichen mit anderen Zeichen antworten. Diese geben mir Ideen, die mit dem, was ich denke, übereinstimmen, oder sie rufen in mir neue Ideen hervor. Diese vernunftgemäße Übereinstimmung gibt mir die Überzeugung , daß ich verstanden worden bin und daß die Körper der anderen ebenfalls mit einer Seele vereinigt sind.

> "Car voyant qu'ils répondent à mes signes, qui me donnent des idées convenables à ce que je pense, je ne croix pas me tromper, quand je me persuade qu'ils ont compris ma pensée, & que la pensée nouvelle, que leurs signes ont excitée en moy, est en effet celle qu'ils ont."[59]

---

56 A.a.O., 9
57 AT VI, 56.
58 DPP, Ce que c'est que parler, 10
59 Ebd.

Außerdem kann ich mit einigen Menschen vereinbaren, daß Zeichen, die üblicherweise eine bestimmte Sache bezeichnen, eine andere bezeichnen sollen, damit nur die Beteiligten meine Gedanken begreifen. Da diese Zeichen durch Einsetzung entstanden sind, setzen sie notwendigerweise Vernunft und Denken voraus. Diese Beobachtung könnte jetzt schon davon überzeugen, daß die Körper anderer mit Seelen vereinigt sind:

> "ces signes sont d'institution; & [...] cette institution suppose necessairement de la raison & des pensées en ceux, qui sont capables, d'en convenir, [...]"[60]

Aber die Zeichen, die Freude, Trauer, Wünsche und Begehren ausdrücken und, damit verbunden, gute oder schlechte körperliche Zustände anzeigen, können nicht als sicheres Argument für die Existenz der Seele anderer angesehen werden, da man aus Erfahrung weiß, daß man diese Zeichen auch beherrschen oder unterdrücken kann. Diese äußeren Zeichen sind zwar denen ähnlich, die ich auch an mir sehe, sagt Cordemoy, aber es besteht keine notwendige Verbindung zwischen den Empfindungen oder Gedanken und den körperlichen Bewegungen oder Zeichen:

> "Ce rapport n'est pas si necessaire, que je ne le puisse quelquefois changer, en joignant ces pensèes à d'autres mouvemens tout contraires"[61]

Eine notwendige Beziehung besteht aber zwischen dem Zustand des Körpers, durch den Bewegungen im Gehirn hervorgerufen werden, und dem äußeren Anzeichen dafür.
Die Bewegungen des Gesichts, der Augen und Schreie werden "*signes naturels*" genannt. Sie scheinen nur durch Dinge hervorgerufen zu werden, die schaden oder nützen können. Aber ich sehe an anderen Körpern auch Zeichen, die nicht ihrer Erhaltung dienen, sondern der Verständigung mit mir, und die Beweise dafür sind, daß es eine Verbindung zwischen ihren Zeichen und meinen Gedanken und ihren und meinen Zeichen gibt:

> "quand je verray que ces corps feront des signes, qui n'auront aucun rapport à l'état où ils se trouveront, ni à leur conservation: quand je verray que ces signes convi-

---

60 A.a.O., 11
61 A.a.O. 12

endront à ceux, que j'auray faits pour dire mes pensées; quand je verray qu'ils me donneront des idées que je n'avais pas auparavant, & qui se rapporteront à la chose que j'avois déja dans l'esprit, enfin quand je verray une grande suite entre leurs signes & les miens, je ne seray pas raisonnable, si je ne crois qu'ils le sont comme moy." [62]

Die enge Verbindung, die zwischen den äußeren Zeichen anderer und den eigenen Gedanken sowie zwischen ihren Zeichen und den eigenen Zeichen besteht, ist Beweis genug, "*qu'il ne m'est plus possible de douter de leurs pensées.*" [63] Dabei ist allerdings auch zu erkennen, daß andere die Absicht haben, mich zu täuschen. Vergleichbares schreibt Descartes in den "Passionen":

"Il n'y a aucune Passion que quelque particuliere action des yeux ne declare: & cela est si manifeste en quelques unes, que même les valets les plus stupides peuvent remarquer à l'oeil de leur maistre, s'il est fasché contre eux, ou s'il ne l'est pas. [...] Et generalement toutes les actions, tant de visage que des yeux, peuvent estre changées par l'ame lors que, voulant cacher sa passion, elle en image fortement le contraire: en sorte qu'on s'en peut aussi bien servir à dissimuler ses passions, qu'à les declarer."[64]

Die Menschen können absichtlich andere täuschen, indem sie ihre Gedanken und Passionen verbergen. Es besteht nun für Cordemoy kein Zweifel mehr daran, daß die Körper, die dem seinen ähnlich sind und die ihre sprachlichen Zeichen beherrschen können, mit Seelen vereint sind, und daß andere Menschen existieren:

"J'ai reconnu qu'ils sçavoient l'art de se contraindre; [...] il m'est plus permis de douter que les corps qui ressemblent au mien, ne soient unis à des ames, & [...] je suis assûré qu'il y a d'autres hommes que moy;" [65]

---

62 A.a.O., 13
63 Ebd.
64 AT XI, 412 (Passions II, article CXIII)
65 DPP, 14

II.B.3. Notwendigkeit der Sprache als körperliches Zeichensystem bei der Verständigung der Menschen untereinander.

Die allgemeine Definition von "Reden" (*parler*) ist "*donner des signes de la pensée*"[66] Sie zeigt, daß die Sprache von Cordemoy in einem sehr weiten Sinne gesehen wird. Da Kommunikation nur durch Zeichen möglich ist, ist die Sprache das einzige Mittel, um Gesellschaft unter Menschen zu erhalten, die in dieser Welt das größte aller Güter ist:

> "ces mêmes signes sont le seul moyen d'entretenir entre les hommes la societé, qui est le plus grand de tous les biens en ce monde;" [67]

Christian Wolff betont in § 38 der "*Disquisitio Philosophica de Loquela*" von 1703 die Bedeutung der Sprache für die Gesellschaft:

> "Innumeros fere casus, quibus cogitationes nostras cum aliis utiliter communicamus, experientia loquitur. Talibus igitur recensendis non commorabimur, observantes potius, loquelam non solum utilem, sed & maxime necessariam esse [...] Qualis, quaeso, dabitur societas mutuae saluti prospiciens sine sermonis commercio?"

Wolff geht aber hierrüber hinaus, wenn er am Ende seiner Abhandlung schreibt, daß die Sprache letzlich dem Zweck dient, Gottes Lob zu verkündigen. [68]

---

66 Ebd.
67 Ebd.
68 Chr.Wolff, Disquisitio Philosophica de Loquela, 267; in: Wollf, Werke, Sektion II, Bd. 35: Meletemata mathematico-philosphica quibus accedunt dissertationes, Halle 1755 (Nachdruck Hildesheim 1974)

II.B.3.a. Die Verschiedenheit von Zeichen und Gedanken bzw. von Körper und Geist.

Wir drücken unsere Gedanken mit drei Sorten von Zeichen aus, deren Kennzeichen es ist, "*qu'ils n'ont aucune conformité avec les pensées, que l'on y joint par institution.*"[69] Will ein Mensch seine Zustimmung zu einer Sache geben, so bezeugt er dies mit einer Kopfbewegung, oder er bewegt zur besseren Erklärung Mund, Zunge, Zähne und Lippen, um Wörter zu formen, oder er schreibt mit der Feder seine Zustimmung zu einer Sache in Form von Buchstaben, die keine Ähnlichkeit mit seinen Gedanken haben:

> "nous voyons bien qu'il n'y a rien de moins ressemblant à nos pensées, que tout ce qui nous sert à les expliquer."[70]

Man kann dabei feststellen, daß wir trotz der Zeichen, die die Sache so unvollkommen repräsentieren, so leicht die Bedeutung der Zeichen, bzw. die Kenntnis der Sache haben:

> " je vois si peu de ressemblance entre tous ces mouvemens de la tête, de la bouche, ou de la main, & tout ce qu'ils m'apprennent que je ne puis assez admirer comment ils me donnent si facilement l'intelligence d'une chose qu'ils representent si mal." [71]

Schon Descartes bezieht sich auf die Rede, um den Unterschied zwischen unseren Empfindungen und Gedanken und den sie hervorrufenden Dingen zu verdeutlichen:

> "Vous sçavez bien que les paroles, n'ayant aucune ressemblance avec les choses qu'elles signifient, ne laissent pas de nous les faire concevoir, [...]. [...] des mots, qui ne signifient rien que par l'institution des hommes, suffissent pour nous faire concevoir des choses, avec lesquelles ils n'ont aucune ressemblance."[72]

---

69 DPP, 15
70 Ebd.
71 Ebd.
72 AT XI, 4 (Le monde)

Cordemoy betont den extremen Unterschied, "qu'il y a entre ces signes & nos pensées, en nous marquant celle qui est entre nôtre corps & nôtre ame." [73]

Untersucht man nur die Prinzipien der Sprache ("*ne cherchant ici que les principes*"[74]), so ist als wichtige Wahrheit festzustellen, daß Kinder, die eine Sprache lernen, im Besitz einer vollkommenen Vernunft sind:

> "Car enfin cette maniere d'apprendre à parler, est l'effet d'un si grand discernement, & d'une raison si parfaite, qu'il n'est pas possible d'en concevoir un plus merveilleux."[75]

Sprechenkönnen setzt offenbar sowohl die Unterscheidung von Gedanken und Wörtern als auch eine unteilbare und vollständige Vernunft voraus, da Menschen ihre Muttersprache und die Sprache eines Landes, in das sie reisen, perfekt erlernen, selbst wenn sie dort niemanden antreffen, der die ihre spricht. Umso leichter ist es, eine Fremdsprache von jemandem zu lernen, der sowohl die eigene als auch die fremde Sprache versteht:

> "Mais toûjours il est évident que leur raison est entiere dés le commencement, puis qu'ils apprennent parfaitement la langue du païs où ils naissent, & même en moins de temps, qu'il n'en faudroit à des hommes déja faits, pour apprendre celle d'un païs où ils voyageroient, sans y trouver personne qui sçût la leur." [76]

Cordemoy beschreibt die Weise, in der man fremde Sprachen erlernt, um die beiden unterschiedlichen Prinzipien, die das menschliche Sprechen bestimmen, erkennbar zu machen.

Bei einer Fremdsprache erlernt man die Zeichen der Gegenstände, indem man den Namen einer Sache hört, über die gesprochen wird, oder indem man auf sie zeigt. Mit Fragen und Antworten erfährt man die Bedeutung der Wörter, die dabei verwendet werden. Wiederholt man die Namen, die Gegenstände bezeichnen, dann kann man neue Fragen stellen. Nachdem die Namen mehrerer Dinge bekannt sind, konzentriert man sich auf die Wörter, mit denen die Sprechenden ihre Meinung über die Dinge bezeugen. Dadurch lernt man Wörter, die Eigenschaften oder Qualitäten bezeichnen und die immer den Namen zuzuord-

---

73 DPP, 15
74 DPP, 25f.
75 A.a.O., 26; vgl. Descartes' Anmerkung, s. o., Fn 8
76 DPP, 26

nen sind, die eine Sache bezeichnen. Danach eignet man sich Verben an, z.B. "auf- und absteigen", indem man diese Aktivitäten beobachtet und fragt, wie sie genannt werden. Mit der Kenntnis der Nomina und Verben ist man allmählich in der Lage, in grammatisch korrekter Weise über Tätigkeiten zu reden, die eine Sache betreffen ("*former des discours*").[77]

Sprechen wir mehrere Sprachen, so haben wir mehrere Wörter, die ein und dieselbe Sache bezeichnen. Beim Reden mit anderssprachigen Personen können wir die Idee oder den Gedanken einer Sache mit den verschiedenen fremdsprachigen Namen ausdrücken, bzw. verbinden. Dabei kann es vorkommen, daß wir die vom Wort repräsentierten Gegenstände nicht mehr gegenwärtig haben, sobald wir es aussprechen:

"ils ont encore l'idée de la chose qu'il leur doit representer, mais ils n'ont pas encore si bien joint l'une à l'autre, que cette idée revienne à leur esprit, des qu'on prononce le mot qui la signifie." [78]

Descartes beschreibt diese Beobachtung in ähnlicher Weise:

"il peut arriver qu'après avoir ouy un discours , dont nous aurons fort bien compris le sens, nous ne pourrons pas dire en quelle langue il aura esté prononcé."[79]

Daraus ist klar der Unterschied zu ersehen, der zwischen Gedanken und Wörtern besteht. Diesen Unterschied erkenntlich zu machen, betrachtet Cordemoy als das hauptsächliche Ziel seiner Arbeit: "*la distinction qu'il y a entre nos pensées, et les mots par lesquels nous les exprimons.*"[80]

Er wird durch eine andere Beobachtung ebenfalls besonders deutlich: Menschen, zu denen in einer Sprache gesprochen wird, die sie nicht verstehen, können zwar die Wörter hören, durch deren Schall sie affiziert werden, aber sie können keine sinnvollen Gedanken damit verknüpfen:

"[...] le sens de ses paroles n'est compris que de ceux qui sçavent la langue dont il se sert, bien que le son de ses paroles affecte également tous les autres." [81]

---

77 A.a.O., 20
78 A.a.O., 28
79 AT XI, 4
80 DPP, 27
81 A.a.O., 27

Wäre die Seele nicht vom Körper und wären die Gedanken nicht von den Körperbewegungen des Gehörsinnes verschieden, so könnten alle gleichzeitig die gleiche Sache verstehen. Da aber nicht alle Menschen in gleicher Weise die Übereinkunft getroffen haben, daß diese körperlichen Zeichen diese Dinge bedeuten, so sind viele verschiedene Einzelsprachen entstanden. Cordemoy sieht demnach in der Tatsache, daß Menschen unterschiedliche Sprachen sprechen, einen weiteren Beweis für die Verschiedenheit von Zeichen und Gedanken bzw. von Körper und Geist.

Bei einer Fremdsprache muß man neue Wörter erlernen und diese mit den sie bezeichnenden Ideen der Gegenstände verbinden. Erst dann ist es möglich, sich mit anderen zu verständigen. Wie es zu erklären ist, daß man einander nicht versteht, schreibt Cordemoy:

"il arrive qu'on parle inutilement de ces choses devant eux & qu'ils ne les comprennent pas, bien que les mots qu'on employe pour les exprimer, frappent leur oreille & leur cerveau, comme elles frappent l'oreille & le cerveau de ceux qui en ont l'intelligence"[82]

Cordemoy weist in diesem Zusammenhang auf sein methodisches Vorgehen hin, das sich an Descartes' Regeln zur klaren und deutlichen Erkenntnis eines Gegenstands orientiert. Cordemoy sagt, daß es ihm darum gehe, zu einer vollständigen, klaren und zweifelsfreien Erklärung der Prinzipien der Sprache zu gelangen. Deshalb muß man genau auseinanderhalten ("*démêler*"), was bei der Rede vom Körper, was von der Seele abhängt und von ihrer beider Vereinigung

"il est bon, [...] de bien démêler tout ce qui se touve in la parole dépendant absolument du corps, d'avec ce qui s'y trouve dépendant de l'ame, & de consider ce qu'elle emprunte de leur union." [83]

Innerhalb der Ausführungen über die körperlichen Anteile an der Sprache beschäftigt sich Cordemoy ausführlich mit der Phonetik. Er beschreibt die physiologischen Vorgänge, die zur Bildung der einzelnen Laute beitragen, seien es Vokale, Diphtonge oder Konsonanten und zeigt, wie durch die Luft, die aus der Lunge, ähnlich wie aus einem Blasebalg ausströmt, der Ton erzeugt wird, und

---

82 A.a.O., 28
83 A.a.O., 29

wie durch den Mund, den Kiefer, die Zähne, die Zunge, den Gaumen, die Luftröhre und durch bewegliche Knorpelteile die einzelnen Laute artikuliert und modifiziert werden[84]. Moliére hat diesen Teil aus Cordemoys Sprachtraktat fast wörtlich in seiner Komödie "*Le Bourgeois gentilhomme*" wiedergegeben. Ein Philosoph gibt in der 4. Szene des 2.Aktes der Hauptfigur, Monsieur Jourdain, eine Unterrichtsstunde über die Natur der Buchstaben und die Bildung der Vokale und Konsonanten.[85]

II.B.3.b. Die Sprache dokumentiert die Vereinigung von Leib und Seele beziehungsweise von Gedanken und Sprachzeichen.

Cordemoy untersucht, welche Teile der Sprache die Vereinigung von Leib und Seele voraussetzen und was in der Sprache die Vereinigung von Körper und Seele bezeugt, "*ce qu'elle emprunte de leur union*"[86]. Er weist darauf hin, daß wir, wenn wir über das nachdenken, was in unserem Körper geschieht, erkennen, daß dessen Streben nach Selbsterhaltung in seiner Natur liegt:

> "il est vray aussi que tout cela se passeroit en nous, sans que nous nous en apperçûssions, si nous n'avions que le corps."[87]

Aber wir erkennen auch klar, daß jede Erschütterung unserer Ohrnerven oder auch die Bewegungen in anderen Körperteilen von einer Wahrnehmung oder Perzeption begleitet werden, und manchmal sogar von einem Willen, der den automatischen Körperreaktionen widerspricht. Die Perzeption und besonders der Wille sind evidentermaßen vom Körper verschieden. Wer die Wirkungen aus ihren Ursachen erklärt, muß erkennen, daß die Perzeption als solche nicht zum Körper gehört:

---

84 DPP, 3 und 29-35
85 G. Rodis-Lewis, a.a.O. 419; in der Schrift "De Loquela", die Wolff zugeschrieben wird, sind in den §§ 23-26 die physiologischen Vorgänge beim Sprechen genau beschrieben. Mit Sprachphysiologie und Phonetik beschäftigt sich auch Van Helmont in seiner Schrift des "Alphabeti vere naturalis" von 1657. Durch das Studium der Kabbala beeinflußt, führt er die Phonetik auf ein naturgegebenes hebräisches Alphabet zurück.
86 DPP, 29
87 A.a.O., 50

"il est aisé toutefois, à qui s'est un peu accoûtumé à juger des effets par leurs causes, de reconnoître que l'ébranlement étant un mouvement, ne peut appartenir qu'à nôtre corps, & que la perception étant une pensée, ne peut appartenir qu'à nôtre ame." [88]

Wie bereits im Fall der Vereinigung von Leib und Seele erkannt wurde, werden Körperbewegungen wie die Erschütterung der Ohrnerven von Gedanken von der Sinnesempfindung ("*sensation*") oder Wahrnehmung ("*perception*") begleitet. Was Ton oder Laut ("*son*") genannt wird, besteht einerseits aus der Luft, die die Ohrnerven trifft und das Gehirn erschüttert, und andererseits aus der Sinnesempfindung anläßlich dieser "*ébranlemens*" im Gehirn. Das Erste gehört notwendigerweise zum Körper, das Zweite zur Seele, da es eine Wahrnehmung oder Perzeption darstellt. Bei dem, was Sprechen genannt wird, bildet der Körper den Klang ("*voix*"), aber die Bedeutung oder die Idee, die man mit dem Laut oder der Stimme verbindet, ist ein Teil der Seele. "*De sorte que la parole n'est autre chose qu'une voix, par laquelle on signifie ce qu'on pense.*"[89]

Die folgende graphische Darstellung soll verdeutlichen, was beim Hören und Sprechen einerseits vom Körper und andererseits vom Geist abhängt und wie in Laut und Reden der Anteil von beiden betrachtet werden muß.

	le son	
le corps		l'ame
ébatement de l'oreille		sensation
ébranlement du cerveau		perception

	la parole	
la formation de		la signification
la voix		ou l'idée

Wie die Sprache die Vereinigung von Leib und Seele dokumentiert, zeigt Cordemoy an der gewohnheitsmäßigen Verbindung von Lautäußerungen mit Gedanken beim Erlernen einer Sprache.

---

88 A.a.O., 51
89 A.a.O., 52

Schon beim Erlernen der ersten Sprache verbinden wir durch Gewöhnung die Idee einer Sache mit einem Wortlaut ("*son d'un mot*"), durch den die Sache bezeichnet wird.

Die Sinneswahrnehmung und die Idee einer Sache gehören zum Geist. Jeder Klang ruft im Gehirn durch die Bewegungen der "*esprits*" den Eindruck eines Wortes hervor, gleichzeitig aber auch den Eindruck der Sache, die das Wort bezeichnet.

> "Or ce mouvement est toûjours joint à cette impression, comme la perception de chaque son est toûjours jointe en l'ame avec l'idée particulière d'une certaine chose."
> 90

Will man die Idee einer Sache zum Ausdruck bringen, dann stellt man sich gleichzeitig den Wortlaut, der die Sache bezeichnet, vor. Anläßlich dieser Idee wird, wenn man das will, der Eindruck, den der Laut im Gehirn hinterlassen hat, erneuert, und die *esprits* fließen in die Muskeln der Körperteile, die durch eine entsprechende Disposition die Bildung der Laute ermöglichen:

> "quand on veut exprimer l'idée de cette chose, on conçoit en même temps le son de voix qui la signifie, puis qu'à l'occasion de cette idée & de la volonté que l'ame a que le cerveau se dispose comme il faut qu'il le soit, pour laisser couler des esprits dans les parties qui la doivent former, il arrive qu'il est ébranlé à l'endroit où l'impresssion de cette chose est restée, d'où les esprits coulent dans les muscles des parties qui servent à la voix, pour les disposer à former celle qui ce qu'on veut dire." [91]

Beim Erlernen einer Sprache kommt der Eindruck des Namens oder Wortes zum Eindruck der entsprechenden Sache hinzu. Wörter einer neuen Sprache lernt man, indem man sie mit bereits bekannten zusammenbringt. Verschiedene Wörter repräsentieren eine Sache oder sind mit der Vorstellung einer Sache verknüpft. Cordmoy meint: wenn es uns mit der Zeit leichter fällt, andere Sprachen zu lernen, dann hängt dies ab von der Beschaffenheit unseres Gehirns und der Wechselbeziehung zwischen Körper und Geist.

---

90 A.a.O., 57
91 Ebd.

II.B.4. Die Verwendung verschiedener Zeichen bei der Verständigung der Menschen.

Cordemoy beschreibt in seiner Abhandlung über die Sprache verschiedene Klassen von Zeichen. In seinen Ausführungen über die Erkenntnis der Existenz anderer mit einer Seele vereinigter menschlicher Körper unterscheidet er zunächst nur zwischen eingesetzten und natürlichen Zeichen. (Wolff unterscheidet in § 7 seiner "*Disquisitio philosophica de loquela*", S. 248, ebenfalls zwischen "*signa naturalia*" und "*signa artificialia*": "*Unde in axiomatum numerum referri debet, signa naturalia ideam rei significatae in omnibus promiscue hominibus producere, artificalia contra nonnisi in iis, quibus consuetudo vim significandi signo attribuens innotuit.*") Die natürlichen Zeichen sind kein sicheres Mittel der Erkenntnis des Denkens bzw. des Geistes anderer: "*Mais ce qui me pourroit troubler en cela, c'est que s'il y a des signes d'institution, je pense en reconnoître d'autres qui sont absolument naturels*:" [92]

Betrachtet man die Gesamtheit aller Zeichen, so unterscheidet Cordemoy drei Arten:

"[...] il y en a qui sont sont naturels, d'autres qu'on peut appeller ordinaires; & d'autres encore qu'on peut appeller particuliers."[93]

Die natürlichen Zeichen bringen auf Grund einer notwendigen Beziehung die Passionen der Seele zum Ausdruck und sind bei den Menschen aller Nationen gleich. Mittels Gesichts- oder Augenbewegungen oder Ausrufen lassen sie die Passionen erkennen, die die Seele anläßlich eines Körperzustandes erleidet. Kinder lernen von Geburt an von ihren Betreuern diese erste und universelle Sprache.

"C'est la maniere d'exprimer ses pensées la plus naïve: c'est aussi la premiere de toutes les langues et la plus universelle dans le monde, puis qu'il n'y a point de nation qui ne l'entende" [94]

---

92 A.a.O., 11
93 A.a.O., 53
94 A.a.O., 17

Die Natur hat den Menschen diese Fähigkeit gegeben, "pour exprimer la douleur , la joye, ou les autres passions [...] par les mouvemens exterieurs, qui en sont les signes naturels."[95]

Descartes schreibt über diese Zeichen, die die Natur eingerichtet hat, indem er gleichzeitig den Unterschied bez. die Unähnlichkeit unserer seelischen Empfindungen mit den sie ausdrückenden äußeren Zeichen verdeutlicht:

> "pourquoy la Nature ne pourra-t'elle pas aussi avoir estably certain signe qui nous fasse avoir le sentiment de la Lumiere bien que ce signe n'est rien en soy, qui soit semblable à ce sentiment? Et n'est-ce pas ainsi qu'elle a estably les ris &les larmes pour nous faire lire la joye & la tristesse sur le visage des hommes?" [96]

Die zweite Art von Zeichen, "les signes ordinaires", unterteilt Cordemoy noch einmal. Er sagt, "que nous exprimions nos pensées par des gestes, par des discours, ou par des caracteres, qui sont les trois sortes de signes les plus ordinaires;" [97] Diese gewöhnlichen Zeichen, mit denen sich ein großer Teil aller Menschen zu bestimmten Gegenständen äußert, sei es durch die Rede oder mit Gesten, "sont purement d'institution" [98] Sind diese Zeichen einmal eingerichtet, gewöhnen sich die Menschen an sie. "Les signes que je nomme ordinaires, sont ceux par lesquels une grande partie des hommes a coûtume de témoigner certaines choses."[99] Gesten der Zustimmung und Ablehnung sind in allen Ländern gleich im Gegensatz zu denen der Respektbezeugung .

Was allgemein als "*parler*" bezeichnet wird, sind die Lautäußerungen,

> "dont les hommes se servent pour s'expliquer mutuellement leurs pensées. Les unes sont plus universellement reçûes, comme celles qui composent la langue de tout un Peuple; & d'autres sont particuliéres à des personnes, qui conviennent entre elles de mots tous nouveaux, pour signifier leurs pensées" [100]

Der geheimen Verständigung dienen die "*signes particuliers*", die zwei oder nur wenige Personen unter sich vereinbaren, um zu verhindern, daß andere ihre Bedeutung verstehen. Es sind besondere Zeichen, "*qui sont instituez entre deux*

---
95 A.a.O., 20f.
96 AT XI, 4
97 DPP, 15
98 A.a.O., 54
99 Ebd.
100 A.a.O., 56 f.

personnes, ou peu d'autres, pour signifier certaines choses, dont ils ne veulent pas que d'autres s'apperçoivent." [101]

Die Schrift ist ein Kunstprodukt und ist erst nach Gesten und Reden zum gegenseitigen Verständlichmachen der Gedanken erfunden worden, um den Gedanken Dauer zu verleihen und um sie Nichtanwesenden und Nachgeborenen mitzuteilen.

"Comme ils ont vû qu'on faisait signifier tout ce qu'on vouloit aux gestes & aux voix, ils ont crû que donnant des significations aux characteres, que la main pouvoit former & qui restent, ces sortes de signes pourroient faire sçavoir nos pensées qui seroient éloignez, ou qui naîtroient long-temps après nous."[102]

Entsprechend den verschiedenen Artikulationen der einzelnen Laute führte man Schriftzeichen ein und bildete daraus Silben, Wörter und Reden (*"syllabes, mots et paroles"*), die das Mitteilen von Gedanken ermöglichen. Die Schrift als eine Sprache für die Augen hat den Nachteil, daß nur wenige gleichzeitig den Gedanken folgen können, aber den Vorteil, daß sie dies in zeitlichem und räumlichen Abstand tun können. Cordemoy charakterisiert die Schrift auch, wenn er schreibt, *"que l'Ecriture est un moyen de parler aux yeux, qui veritablement demande plus de temps pour l'expression, mais qui dure aussi plus longtemps."* [103]

Zuletzt hat man das Geheimnis des Buchdrucks mit Metall- oder Holzlettern entdeckt, dessen Vorteil darin besteht, daß man soviele bedruckte Blätter anfertigen kann, wie man benötigt, *"pour faire lire en même temps & en divers lieux un [sic] même piece à plusieurs personnes"* [104]

Cordemoy erwähnt, daß es neben den gewöhnlichen Schriftzeichen noch besondere Zeichen gibt, die man "*chiffres*" nennt. Es sind Geheimzeichen, *"qui sont particuliers à certaines gens."*[105] Ziffern und Buchstaben, die man zur Numerierung verwendet, bezeichnet er als "*chiffres*". Die schriftlichen Zeichen, die Töne ausdrücken, sind die Musiknoten, die "*notes*".

Das hauptsächliche Merkmal der Rede und der Schrift ist ihre Einsetzung durch die Menschen eines Landes, die mit diesen äußeren Zeichen ihren Gedanken Ausdruck verleihen:

---

101 A.a.O., 54
102 Ebd.
103 A.a.O., 55
104 A.a.O., 56
105 Ebd.

> "en tous les deux on s'exprime par des choses exterieures & corporelles, ausquelles on fait signifier par institution ce que l'on pense, & c'est en general ce qu'on appelle 'parler'"[106]

Erlernt man die Wörter einer Sprache oder erfindet man neue, so geschieht dies durch Übereinkunft:

> "On ne fait autre chose que de convenir que certains caracteres signifieront certaines pensées" oder "on s'instruit seulement des signes, dont quelques autres hommes sont déja convenus."[107]

Alle Zeichen, die Cordemoy dem allgemeinen Begriff des Redens zurechnet und die er als gewöhnlich klassifiziert, haben zwei wesentliche Eigenschaften: die, den Gedanken nicht ähnlich zu sein und die, eingesetzt zu sein.

> "Une des principales choses, que je trouve digne de consideration touchant ces signes, est qu'ils n'ont aucune conformité avec les pensées, que l'on y joint par institution."[108]

Um die Unähnlichkeit zwischen den Zeichen als körperlichen Ausdrucksformen der Gedanken und den Gedanken im Geist zu kennzeichnen, verwendet Cordemoy die Ausdrücke *"aucune conformité"*, *"peu de ressemblance"*, *"aucune ressemblance"* oder *"difference"* Zeichen und Gedanken lassen sowohl die Verschiedenheit von Körper und Geist als auch ihre Vereinigung im Menschen erkennen, da wir fähig sind, Zeichen und ihre Bedeutung bzw. körperliche Bewegungen und Gedanken im Geist zu verbinden. Diese Fähigkeit der Menschen, bestimmte Zeichen einzusetzen, um ihre Gedanken trotz deren Unähnlichkeit auszudrücken, bezeichnet Cordemoy als das schönste Mittel zur Vereinigung von Körper und Geist. Wer dies genau beachtet, erkennt, worin die wahre Vereinigung von Körper und Geist besteht.

> "Au moins il me semble que cette étroite union, que la seule institution des hommes est capable de mettre entre certains mouvemens exterieurs, & nos pensées, est, à qui veut y prendre garde, le plus beau moyen en quoy consiste veritablement l'union du corps & de l'ame."[109]

---

106. A.a.O., 18
107. Ebd.
108. A.a.O., 15
109. A.a.O., 16

Bei den Schrift- und Lautzeichen stellt Cordemoy als gemeinsames Merkmal fest, daß sie durch Übereinkunft entstehen, "*soit qu'on les apprenne, ou qu'on les invente*".[110]

Den willkürlichen Charakter dieser Zeichen betont er, indem er auf den Unterschied zwischen erlernten und erfundenen Zeichen hinweist, "*c'est qu'en apprenant on s'instruit seulement des signes, dont quelques hommes sont déja convenus, & qu'en inventant on est maître de l'institution.*"[111] Die Menschen lernen entweder die Zeichen, die andere schon durch Übereinkunft festgelegt haben, oder sie setzen willkürlich neue Zeichen für ihre Gedanken ein. Die Fähigkeit, über die Einsetzung von Zeichen frei zu verfügen, bewirkt nach Cordemoy, "*que les mots ou les caracteres signifient plûtôt une chose que l'autre.*"[112] Dadurch läßt sich erklären, weshalb fast jede Nation eine andere Sprache spricht: "*c'est par ce moyen que presque toutes les nations se sont fait des langues differentes.*"[113]

Sowohl die Nichtübereinstimmung der Zeichen mit den Gedanken als auch die arbiträre Zeicheneinsetzung läßt Cordemoy in seine occasionalistischen Thesen zur Sprache einfließen.

Mit diesen Beobachtungen über die Eigenheiten der Sprachzeichen verbindet Cordemoy sein sprachpädagogisches Wissen, wenn er beschreibt, wie Kinder ihre Sprache erlernen. Die von den Menschen eingerichteten Sprachzeichen erfordern beim Erlernen einer Sprache in der Kindheit mehr Zeit als das Erlernen der natürlichen Zeichen. Gewöhnlich versucht man, Gefühle oder Passionen wie z.B. Freude mit einem Ausruf auszudrücken, der die Aufmerksamkeit der Kinder erregt, um sie durch Zeigen auf einen Gegenstand und durch Nennung des entsprechenden Namens mit der Sprache vertraut zu machen. Nach zwei, drei Jahren sind sie kraft ihrer Aufmerksamkeit fähig, aus dem, was man über die Dinge sagt, deren Namen herauszufinden:

"[...] ils sont capables de démêler dans toutes les constructions qu'on fait en parlant d'une même chose, le nom qu'on donne à cette chose."[114]

Auf die gleiche Weise lernen Kinder die Wörter, die die Eigenschaften der Dinge bezeichnen. Werden zu den Wörtern, die die Gegenstände und ihre Qualitäten bezeichnen, andere dazugenannt, erfahren die Kinder durch wiederholtes Hören auch diese die Tätigkeiten der Dinge betreffenden Wörter. "Gut" und

---

110 A.a.O., 18
111 Ebd.
112 Ebd.
113 Ebd.
114 A.a.O., 21

"böse" lernt ein Kind z.B. durch Beobachtung der Aktivitäten und Eigenschaften eines Pferdes. Nicht diese Handlungsweisen werden als gut oder böse bezeichnet, sondern das Adjektiv wird dem Gegenstand selbst zugeordnet: das böse Pferd.

In der Weise, wie Kinder die Wortarten kennen lernen, sieht Cordemoy das Vorbild für die Grammatiker, die das System der Sprachzeichen ableiten, indem sie das Lernverhalten von Kindern analysieren.

Betrachtet man die Grammatiker, schreibt er, so besteht die Kunst ihrer Methode darin, daß sie die von der Natur gegebene Art, wie Kinder sprechen lernen, nachahmen. Sie behandeln zuerst die Wörter, die die Gegenstände bezeichnen und die sie Substantive nennen, dann die Qualitäten, die sie Adjektive nennen, und anschließend die Tätigkeiten, die als Verben bezeichnet werden. Die Wahrnehmung der Eigenschaften und Tätigkeiten der Dinge, z. B. der Sanftmut des Pferdes oder seines Laufens, sind immer mit Gefühlen oder Empfindungen wie z.b. der Freude auf seiten des Wahrnehmenden verbunden. "*Le cheval court*" fügt dem Wort, das das Pferd bezeichnet, dasjenige hinzu, welches seine Tätigkeit zum Ausdruck bringt. Es sind dies Wörter, "*qui signifient les substances, les qualitez, & les actions.*"[115]

Man braucht viel mehr Zeit als bei den Substantiven, Adjektiven und Verben, um ein Kind die Bedeutung der Adverbien zu lehren, die das Mehr oder Weniger und das Übermaß oder das Fehlen eines Gegenstandes, einer Qualität oder einer Tätigkeit ausdrücken,

> "parce qu'il n'importe pas tant à la conservation de connoître ce plus, ce moins, & cet excez, ou ce défaut, qui s'expriment par les adverbes qu'on joint aux choses, aux qualitez, ou aux actions, que les choses, les qualitez, ou les actions mêmes."[116]

Wenn das Kind anfängt, Unterschiede zwischen den Dingen, den Qualitäten und den Vorgängen festzustellen, drückt es diese durch gewisse Gesten aus, "*par quelque mouvement, ou par quelque démonstration de grandeur, ou de petitesse.*"[117]

Die Konjunktionen und andere Sprachpartikel sind ersonnen worden, um Dinge zu verbinden oder zu trennen. Kinder verwenden sie am Anfang nur selten:

---

115 A.a.O., 24
116 Ebd.
117 A.a.O., 25

"Il en est de même des conjonctions, & des autres particules inventées pour lier ou pour separer les choses. Un enfant ne les employe que rarement, & aprés un long temps."[118]

Als Konjugation bezeichnet man das Hinzufügen verschiedener Endungen an Wörter, die Tätigkeiten verschiedener Personen zu verschiedenen Zeiten zum Ausdruck bringen:

"cette diversité de terminaisons, laquelle appliquant le mot, qui signifie une même action, à diverses personnes, & à divers temps, forme la conjugation."[119]

Bei der Betrachtung einer Sprache, meint Cordemoy, müßte noch die natürliche Ordnung oder Reihenfolge untersucht werden, in der die Kinder ihre Muttersprache erlernen und der die grammatischen Konstruktionen gewöhnlich folgen. Eine Sprache, die in ihrem Aufbau diesem "*ordre naturel*" folgt, müßte die vollkommenste sein:

"[...] l'on pourroit enfin tirer de l'ordre naturel, dans lequel les enfans apprennent à parler, des notions pour juger entre toutes les langues celles qui sont les plus parfaites. Car sans doute celles qu'on verroit dans leurs constructions ordinaires suivre le plus cet ordre naturel, devroient passer pour les plus parfaites."[120]

Die im 17.Jahrhundert verbreitete rationalistische Theorie der natürlichen Wortstellung besagt, daß es eine in der *raison* verankerte logische Ordnung der Gedanken gebe, der die Syntax der französischen Sprache folge. Die natürliche Wortfolge besteht in der Reihenfolge Subjekt-Verb-Objekt, die nur in der Klarheit der französischen Sprache zum Ausdruck kommt und die von den anderen Sprachen nicht eingehalten wird. Die Annahme eingeborener Ideen, die Descartes lehrte, favorisierte und erneuerte die schon in der Scholastik bekannte Theorie, daß die Sprache die natürlich gegebenen Denkakte wiedergebe. Da in der französichen Grammatik diese Übereinstimmung am ehesten gegeben sei, beginne damit auch die Vormachtstellung des Französischen als der klassischen Sprache der Philosophie. Aber schon Bernard Lamy, der die freiere Wortstellung anderer Sprachen berücksichtigt, vertritt in seiner 1715 erschienen Ausga-

---

118 Ebd.
119 Ebd.
120 Ebd.

be von "*La Rhetorique ou l'art de parler*" nicht mehr diese Theorie. Er spricht im I. Buch, Kap. VI von einem Gedankengemälde, das in der Sprache keine festgelegte Wortfolge verlangt: "Pour marquer les differens traits du Tableau dont on a formé le dessin dans l'esprit, on a besoin de mots de differens ordres"[121]

---

[121] B. Lamy, La Rhetorique ou l'art de parler, Nouvelle edition, Paris 1715, 23; vgl. Ricken, a.a.O. (Sprache, ...), 137-139

II.C. Vier Arten der Kommunikation bei Cordemoy

II.C.1. Cordemoys Occasionalismus.

Cordemoy vertritt eine occasionalistische Kausallehre, die auch seine Behandlung der unterschiedlichen Kommunikationsarten prägt.

Im I. Discours des "*Discernement du corps et de l'ame*" begründet Cordemoy seine Definitionen von Körpern und von Materie. Die Körper sind ausgedehnte Substanzen, "*Les Corps sont des substances étendues.*"[122] Als solche sind sie nicht teilbar, haben feste Gestalt und sind undurchdringlich. In ihrer Beziehung zu anderen Köpern sind sie in Bewegung, sobald bei Gelegenheit eine Richtungsänderung determiniert wird. Die Materie dagegen ist eine Ansammlung von Körpern, "*un assemblage de corps*"[123], in der jeder Körper einen Materieanteil bildet, woraus hervorgeht, daß die Materie in ebensoviele Teile geteilt weden kann, wie es in ihr Körper gibt. Die Körper können Anhäufungen, Flüssigkeiten und Massen bilden, ("*tas, liqueurs, masses*").[124] Im Gegensatz zu Descartes ist in den Zwischenräumen, die Cordemoy "*trous*" oder "*pores*" nennt, leerer Raum oder ein Vakuum möglich. Was als unser Körper bezeichnet wird, ist im eigentlichen Sinn eine Ansammlung von Millionen von Körpern.

> "Ainsi ce que nous nommons nôtre corps, est en effet l'amas de cent millions de corps; en un mot c'est de la matiere; & cependant cet assemblage de tant de corps, comme si ce n'en étoit qu'un, parce que ses parties concourant toutes au mesme fin, sont rangées entr'elles d'une maniere si convenable à cette fin, qu'on ne les scauroit diviser, sans rompre toute l'oeconomie qui les y rend propres."[125]

Für die Definition des menschlichen Körpers sind ihm die Juristen Vorbild. Sie nennen das Körper, was nicht geteilt werden kann, ohne zerstört zu werden, wie z.B. ein Pferd oder ein Sklave.[126]

---

122 DCA, 95
123 A.a.O., 96
124 A.a.O., 103
125 A.a.O., 101
126 Ebd.

Der IV. Discours hat die Erstursache der Bewegung der Körper als Thema. Von Definitionen und Axiomen ausgehend, leitet Cordemoy vier Lehrsätze oder Konklusionen ab.
  1. Kein Körper hat von sich aus Bewegung, da Bewegung nicht zum Wesen der Körper gehört und diese auch in Ruhe existieren.
  2. Auf Grund des ersten Beweises ist der Erstbeweger der Körper nicht körperlicher Natur.
  3. Da es nur zwei Substanzarten gibt, nämlich Körper und Geist, muß der Erstbeweger notwendigerweise ein Geist sein, wenn er kein Körper sein kann.
  4. Nur derselbe Geist kann der Erstbeweger und der Erhalter der Bewegungen sein.[127]
Cordemoy leitet daraus ab, daß Gott dieser Beweger ist:

"nous connoîtrions aisément, qu'il ya un premier Esprit, qui étant par soy-même, n'a besoin que de sa volonté pour tout faire;" [128]

In der Beweisführung der vierten Conclusion weist Cordemoy auf eine Schwierigkeit hin. Man glaubt aus Erfahrung das, was man sieht, und deshalb ist man überzeugt, daß ein Körper einen anderen bewegen kann. Da aber erkannt wurde, daß nur ein Geist die Ursache der Körperbewegung sein kann, ist ein kausaler Nexus zwischen Körpern auszuschließen. Wenn ein Körper B auf einen Körper C trifft, wird C daraufhin aus dem Zustand der Ruhe in den der Bewegung versetzt, wobei B seine Bewegung verliert. B ist nicht die Ursache der Bewegung von C, denn die Bewegtheit von B ist der Zustand eines einzelnen Körpers, der sich nicht mitteilen läßt; "*en ce sens, on n'a pas dû croire, qu'il pût communiquer son mouvement à C: car l'état d'un corps ne passe point dans un autre.*" [129] Jeder Körper bewegt sich für sich allein. Man muß annehmen, daß ein Geist, der der Erstbeweger der Körper ist, zuerst den ersten Körper bewegt und aus Anlaß des Zusammentreffens zweier Körper auch den zweiten Körper bewegt. Ihre Begegnung ist eine "*occasio*" für den bewegenden Geist, der den ersten Körper bewegt, auch den zweiten Körper zu bewegen.

"Donc ce qu'on doit entendre, quand on dit que les corps meuvent les corps c'est qu'etant tous impenetrables, & ainsi, les mêmes ne pouvant toûjours être mûs, du

---

127 A.a.O., 136
128 A.a.O., 143
129 A.a.O., 138

> moins avec égale vîtesse, leur rencontre est une occasion à l'esprit, qui a mû les premiers, de mouvoir les seconds" [130]

Der menschliche Geist kann nicht die unwillkürlichen Körperbewegungen, die z.B. auch während des Schlafens fortbestehen, hervorrufen. Der menschliche Wille kann auch nicht die Bewegungen seiner Gliedmaßen hervorrufen oder beschleunigen, denn ein Greis kann unter Umständen vergebens wünschen, schnell zu laufen. Die Bewegungen kleiner Materiepartikel, ("*des petites particules, que l'on nomme les esprits*")[131], die in die Körperteile fließen, werden nicht durch unseren Geist bewirkt. In einem gewissen Sinne ist es jedoch möglich zu sagen, daß ein Körper einen anderen bewegt oder daß die Seele den Körper bewegt, indem man sich auf die Gelegenheit beruft, bei der eine Änderung der Bewegung erfolgt.[132]

> "Car comme on dit qu'un corps en meut un autre, lors qu'à cause de leur rencontre, il arrive que ce qui mouvoit le premier, vient à mouvoir le second, on peut dire, qu'une ame meut un corps, lors qu'à cause qu'elle le souhaite, il arrive que ce qui mouvoit déja ce corps, vient à le mouvoir du côté vers lequel cet ame veut qu'il soit mû." [133]

Da unser Geist die Bewegungen nicht hervorbringt, muß es ein anderer Geist sein, dem nichts fehlt und der die Macht besitzt, Körperbewegungen zu verursachen.
    Diese göttliche Macht verursacht nicht nur die Bewegungsübertragung von einem Körper zum anderen, sondern auch die Wechselbeziehung zwischen Leib und Seele, die durch Gesetze nach seinem Willen festgelegt sind. Gott bewegt die Körper verschieden, auf Grund ihres unterschiedlichen Zusammentreffens. Auch über die Gesetze, die die Verbindung zwischen der Seele und dem Körper regeln, setzt er sich durch seine göttliche Macht nie hinweg.

> "Nous avons appris que sa seule puissance [...] qu'ayant posé des loix entre les corps, suivant lesquelles elle les meut diversement, à cause de la diversité de leurs rencon-

---

130 A.a.O., 139
131 A.a.O., 142
132 Vgl. Andreas Scheib, Zur Theorie individueller Substanzen bei Géraud de Cordemoy, Frankfurt 1997, 262 ff.
133 DCA, 142

tres, elle a aussi posé entre nos ames et & nos corps, des loix qu'elle ne viole jamais."[134]

Die in unserem Körper ablaufenden organischen Vorgänge werden durch die *esprits* ausgeführt und bedürfen keiner Seele. Es ist jedoch möglich, daß sie auf den Wunsch der Seele durch die Macht Gottes, der die Ursache aller körperlichen Bewegungen ist, unseren Körper in die von der Seele gewollte Richtung bringen.

"Il est bien vray, qu'étant deja émûes, lors qu'elles passent dans le cerveau, quelques-unes d'elles peuvent être dirigées selon ses souhaits; c'est-à-dire que sitôt qu'elle desire que le corps, auquel elle est unie, se porte vers un côté, la puissance, qui meut toutes ces particules, les meut d'une facon répondante à ce desir."[135]

Im V. Discours erläutert Cordemoy die Vereinigung der Seele mit dem Körper und deren wechselseitige Beziehungen. Als Grundsatz stellt er fest, daß diese Vereinigung nicht durch einen Austausch zwischen Körper und Geist zu erklären ist, da Denken und Ausdehnung grundsätzlich verschieden sind. Dennoch ist ihre Union viel größer und vollkommener als die zweier Körper. Wie im IV. Discours schon erkannt wurde, ist Gott die Macht, die Körper und Geist so disponiert hat, daß der eine für den anderen der Anlaß für Veränderungen wird.

"la puissance [...] tient l'esprit et le corps tôujours disposez à recevoir divers changemens à l'occasion l'un de l'autre".[136]

Im zweiten Teil des V. Discours erklärt Cordemoy die Art und Weise, wie Körper und Geist aufeinander wirken: Zwischen Körper und Geist besteht kein kausaler Nexus. Aber es besteht in dem Maße eine Wirkung der Körperbewegungen auf den Geist, in dem diese Anlaß oder *occasion* für Gedankenveränderungen sind. Cordemoy bemerkt an dieser Stelle, daß die Wirkung von Geistern auf Körper und von Körpern auf Geister nicht schwerer zu verstehen ist, als die Wirkung von Körpern auf Körper. Betrachtet man die Wirkungen des Geistes auf den Körper, so nimmt man wahr, daß, sobald der Geist will, daß der Körper in eine bestimmte Richtung bewegt wird, dies auch geschieht:

---

134 A.a.O., 144
135 A.a.O., 142
136 A.a.O., 147

"..nous appercevons, que, dés que l'esprit veut que le mouvement du corps soit dirigé en certain sens, cela arrive."[137]

Obwohl unser Geist nicht der Verursacher unserer Körperbewegungen ist, so hängen diese doch auch von unserem Willen ab, so wie die Bewegung eines festen Körpers von dem Zusammentreffen mit einem andern abhängt. Cordemoy beendet den V. Discours mit seinen Erkenntnissen über die göttliche Macht und unseren Willen. Unser Wille wird zur *occasion* für Gott, Bewegungen in die von uns gewünschte Richtung zu lenken:

> "Et comme on est obligé de reconnoître que la rencontre de deux corps est une occasion à la puissance qui mouvoit le premier, de mouvoir le second; on ne doit point avoir de peine à concevoir que nôtre volonté soit une occasion à la puissance qui meut déja un corps, d'en diriger le mouvement vers un certain côté répondant à cette pensée."[138]

Cordemoys Theorie der Leib-Seele Vereinigung sieht demzufolge keine unmittelbare Wechseleinwirkung zwischen diesen beiden so verschiedenen Substanzarten. Die Beziehung ist zwar eng, da der Urheber der Natur den Menschen so gebildet hat, daß aus Anlaß bestimmter Köperbewegungen bestimmte Gedanken hervorgerufen werden. Das Geheimnis dieser durch eine göttliche Ursache bewirkten Vereinigung vermag die Sprache zu erklären. Der extreme Unterschied zwischen den Zeichen ("*signes*") und den Gedanken entspricht dem zwischen Leib und Seele, und Gott hat die Wechselwirkung so gesetzt, daß die Menschen in der Sprache bestimmte Körperbewegungen oder Zeichen mit bestimmten Gedanken verbinden können.

> "Mais ce que je trouve le plus admirable en cela, c'est que cette extreme difference qu'il y a entre ces signes & nos pensées, en nous marquant celle qui est entre nôtre corps & nôtre ame, nous donne en même temps à connoître tout le secret de leur union".[139]

---

137 A.a.O., 151
138 Ebd.
139 DPP 34; vgl. auch Rainer Specht, Commercium mentis et corporis. Über Kausalvorstellungen im Cartesianismus, Stuttgart-Bad Cannstatt 1966, 144

II.C.2. Die Kommunikation zwischen Körpern.

II.C.2.a. Darstellung der Abläufe im Organismus.

Descartes beschäftigte sich im Rahmen seiner wenig umfangreichen Äußerungen über die Sprache mit den Tieren, um nachzuweisen, daß sie reine Körpermaschinen sind, Automaten vergleichbar, die nur auf Grund ihrer Konstruktion und durch Einwirkungen von außen funktionieren. Ihre körperliche Disposition, schreibt Cordemoy, ermöglicht Tieren wie z.B. Papageien, menschliche Laute hervorzubringen, ohne daß sie die Fähigkeit zum Denken haben. Das Echo und Musikinstrumente können ebenso Töne und sogar Wörter bilden. Vorstellbar wäre auch, daß die menschliche Kunst eine sprechende Maschine herstellt, "*qui articuleroit des paroles semblables à celles, que je prononce.*"[140] Cordemoy bringt ausführliche Argumente, Beschreibungen und Erklärungen dafür, daß die Körper aller Lebewesen so konstruiert sind, daß sie stimmliche Äußerungen hervorbringen und auf Lautäußerungen anderer reagieren können. Alle Bewegungen in den dazu erforderlichen Körperorganen der Stimmbildung, des Gehörsinns und des Gehirns sind mechanisch zu erklären. Die Körper aller Lebewesen, auch der menschliche, sind ähnlich wie Maschinen so konstruiert, d.h., ihre Organe sind so angeordnet, daß sie Geräusche erzeugen, Töne wiedergeben, einzelne Laute formen und Wörter aussprechen können. Ihre Konstruktion verdanken sie Gott als ihrem wunderbaren Schöpfer.

> "Sur tout je dois prendre garde que l'Ouvrier admirable, à qui je dois la structure de mon Corps, en a si mécaniquement arrangé toutes les parties, & principalement celles qui servent à la voix, que pour la former, je n'ai pas besoin d'avoir une ame." [141]

Die Kommunikation zwischen den Tieren, geschieht durch Schreie oder lautliche Äußerungen, die als Luftbewegungen das Ohr treffen. Das Ohr ist ein Organ, "*disposé à recevoir l'air, quand il est poussé par les corps, qui en se touchant le chassent d'entr'eux*".[142] Auf die Affizierung durch den Schall reagiert

---

140 DPP, 6
141 A.a.O., 7
142 A.a.O., 35

ein Tier der gleichen Art automatisch, indem die Affizierung durch Schall das Gehirn affiziert und das Tier dadurch bewegt wird:

> "le cry d'une bête venant à ébranler le cerveau d'une autre bête de son espece, il arrive aussitot qu' elle est non seulement transportée vers celle qui a fait le cry [...] mais outre cela, que les muscles de son gosier se disposent de telle sorte, qu'elle fait en même temps un cry tout semblable;" [143]

Diese Verbindung zwischen dem Gehirn und den verschiedenen Körperteilen, die Cordemoy als *rapport* bezeichnet, ist der Grund für die verschiedenen Reaktionen auf die gehörten Lautäußerungen, die der Erhaltung der Tiere dienen, und sie veranlassen, sich dem zu nähern, was ihnen nützt, und dem zu entkommen, was ihnen schadet:

> "ce nouveau cry, frappant le cerveau de celle qui a crié la premiere, fait qu'il coule necessairement des esprits dans les muscles qui servent à la transporter vers la seconde: de sorte qu'elles se rencontrent plûtôt, & peuvent, selon les causes du cry qui les fait approcher, tirer l'une de l'autre ce qui peut servir à leur conservation." [144]

Daß die Lebewesen auch fähig sind, unabhängig von lebenserhaltenden Bedürfnissen Lautäußerungen hervorzubringen, dafür ist einerseits die Beziehung zwischen den Ohrnerven und den entsprechenden Eindrücken im Gehirn und andererseits die Beziehung vom Gehirn zu den Muskeln der Stimmbildungsorgane erforderlich.

> "Et en troisiéme lieu, qu'en tout animal capable de former des voix, il y a une telle communication de l'oreille au cerveau, & du cerveau à toutes les parties propres à la voix, que la même voix qui ébranle le cerveau par l'entreprise de l'oreille, le dispose à laisser couler dans les muscles de ces parties, des esprits qui les mettant dans une situation répondante à la maniere dont cette voix a frappé le cerveau, font qu'elles forment une voix toute semblable, si quelque pressant besoin de l'animal ne divertît ailleurs le cours des esprits [sic]." [145]

---

143 A.a.O., 40
144 A.a.O., 41
145 A.a.O., 47

Der für uns sichtbaren Kommunikation der Lebewesen als Reaktion auf Lautäußerungen anderer Lebewesen entspricht eine im Körperinnern ablaufende *communication*, die zwischen den Ohrnerven und den Teilen besteht, die der Stimmbildung oder den Muskeln des Bewegungsapparates dienen.

> "[...] il est evident que ne rien ne pouvoit être si utile que cette communication, qui est entre les oreilles & les parties qui servent à la voix." [146]

Cordemoy nimmt wie Descartes für diese Bewegungen im Körperinnern der Lebewesen an, daß kleine Materiepartikel, die *esprits*, vom Herzen her zum Gehirn und von hier aus in die Nerven und die Muskeln fließen und einzelne Körperteile, wenn nötig, bewegen. Ihr Lauf wird von den in der Natur einer jeden Tierart festgelegten Bedürfnissen determiniert:

> "ces pressans besoins, qui sont toujours ce qui détermine le plus fortement en elle [la bête] le cours des esprits.." [147]

Die je nach Tierart verschiedenen Bewegungsabläufe und Lautäußerungen sind eine notwendige Folge der mechanischen Disposition ihrer Körper. Ihre äußeren sichtbaren Bewegungen auf einander zu oder von einander fort geschehen "*selon toutes les regles de la mécanique*". Das kunstvolle, unendlich variationsreiche Gehirn wird dieser Aufgabe gerecht, indem es aus Anlaß eines äußeren Objektes, "*à l'occasion d'un objet*", Eindrücke an einer bestimmten Stelle erhält, sodaß die *esprits* zu einem bestimmten Körperteil laufen. Wird z.B. das Ohr durch den Schall eines Schreies affiziert, so geschieht es, daß von der Stelle des Gehirns, die durch die Ohrnerven bewegt wird, die *esprits* in die Kehle fließen, um sie entsprechend dem im Gehirn empfangenen Eindruck so zu disponieren, daß die Tiere einen ähnlichen Schrei ausstoßen. Da die Erschütterungen der Ohrnerven durch die Lautäußerungen anderer Lebewesen unterschiedlich sind und das Gehirn dadurch an verschiedenen Stellen bewegt wird, fließen die *esprits* dementsprechend zu verschiedenen Körperteilen:

> "On peut juger aussi par ce qu'on sçait de la construction des animaux, même des bêtes; que selon que cet ébranlement des nerfs de l'oreille est different, le cerveau doit être ébranlé en differentes parties, & qu'enfin c'est toûjours, selon que ces dif-

---

146 A.a.O., 40
147 A.a.O., 42

ferentes parties sont ébranlées, que les esprits se distribuënt diversement dans les membres."[148]

Das gleiche Geräusch oder der gleiche Laut kann aber auch bei jedem Lebewesen eine andere Wirkung hervorrufen, je nach dem, welcher Art es angehört.

"Tellement que, si nous supposons qu'un même bruit, frappant les oreilles de deux bêtes de differente espece, vienne à ébranler en même temps leurs cerveaux, nous devons croire que cet ébranlement se faisant diversement en chacune, & en differentes parties de leur cerveau, selon que ce qui causera le bruit, luy sera convenable ou contraire;"[149]

Der Lauf der esprits ist bei bei den verschiedenen Tieren notwendigerweise verschieden. Während das eine sich dem Objekt nähert, von dem das Geräusch kommt, bewegt sich das andere von dem Objekt weg. So geschieht es auch, daß das Wolfsheulen ein Schaf veranlaßt zu fliehen, aber einen anderen Wolf, sich zu nähern.

Diese mechanischen Vorgänge hat der Urheber der Natur für jedes Individuum einer bestimmten Species entsprechend vorgesehen.

"Or tout cela se fait par une suite necessaire de la disposition mécanique de tout le corps de chaque animal, et même de chaque bête, qui étant d'une certaine espece, c'est-à-dire, constituée pour une chose ou pour une autre, a justement tout ce qu'il faut pour effectuer ce que l'Auteur de la nature s'est proposé en la formant." [150]

Die kunstvolle, unendlich variationsreiche Gehirndisposition läßt die Lebewesen auf natürliche Weise erkennen, was für sie günstig oder schädlich ist. Ihre Gehirnsubstanz ist weich genug, um leicht neue Eindrücke aufzunehmen, und trotzdem fest genug, um sie aufzubewahren. Spuren, die von nützlichen oder schädlichen Objekten verursacht sind, sind tiefer eingeprägt als andere.

Cordemoy erklärt ausführlich die körperlichen Vorgänge bei den vegetativen Funktionen, aber auch die Leistungen des Gedächtnisses. Wie beide Abläufe zusammenwirken, beschreibt er in folgender Textstelle:

---

148 A.a.O., 36
149 A.a.O., 37
150 A.a.O., 36

> "Et souvent ces vestiges, qui n'étoient pas d'abord dans le cerveau, y demeurent si bien marquez, que dés que les objets qui les ont causez, se presentent, les endroits qui en conservent l'impression, en étant plus ébranlez que les autres, laissent couler les esprits dans les muscles, qui peuvent servir à transporter l'animal prés ou loin de ces objets, selon qu'ils luy ont été utiles ou dommageables."[151]

Anläßlich ungewöhnlicher, heftiger Geräusche flüchtet ein Lebewesen aber auch dann, wenn kein entsprechender Eindruck im Gehirn vorhanden ist.

Jeder kann an sich selbst beobachten, meint Cordemoy, wie sein Wille sich bei einem unerträglich lauten Geräusch einer natürlichen Disposition zur Flucht entgegensetzt. Ein lautes, ungewohntes Geräusch, das das Gehirn erschüttert *"& qui arrive subitement, a de force pour faire couler, sans qu'on y pense, les esprits dans les muscles, qui servent à transporter le corps hors des lieux où ce bruit arrive."*[152] Diese unwillkürliche Reaktion bewahrt den Körper vor einer möglichen, drohenden Gefahr.

II.C.2.b. Abläufe im Organismus bei Lautäußerungen.

Cordemoy's Interesse an den organischen Abläufen bei Lautäußerungen gilt besonders dem Zusammenspiel von Ohr, Gehirn und lautbildenden Organen.

Um den Anteil des Körpers an der Sprache besser zu erkennen, muß man, schreibt Cordemoy, die notwendige Beziehung untersuchen, die zwischen dem Hören und dem Sprechen bzw. zwischen den Nerven des Ohres, die durch einen Ton affiziert werden, und den Teilen des Körpers besteht, die einen Laut hervorbringen und modifizieren.

> "[...] suivant l'institution de la nature, le même ébranlement des nerfs de l'oreille, qui fait que le cerveau est affecté du moment qu'une voix cause en l'air, fait aussi que les esprits, répandus du cerveau dans les nerfs de toutes les parties propres à former la voix, en disposent les muscles d'une façon, qui répondant à l'impression que cette voix a faite dans le cerveau, les met en état d'en former une toute semblable." [153]

---

151 A.a.O., 38
152 A.a.O., 39
153 Ebd.

Diese Kommunikation dient der Erhaltung der Lebewesen, indem z.B.Tiere der gleichen Art die Schreie des anderen mit dem gleichen oder einem ähnlichen Ruf beantworten und sich aufeinander zu bewegen. Aber auch unabhängig von notwendigen Bedürfnissen können Tiere dazu angeregt werden, Stimmen nachzuahmen, wenn diese auch nicht immer adäquat nachgeahmt werden können, weil die Sprechorgane dies nicht erlauben: "*comme le bruit qui a ébranlé leur cerveau, ne peut pas toûjours être imité par les voix, qu'ils sont capables, selon la difference naturelle de leur gosier, ils en rendent souvent de trésdifferens.*"[154] Dies erklärt, wie es möglich ist, daß Musikinstumente Vögel so affizieren, daß sie singen.

Vögel können aber nicht nur Musikinstrumente und den Gesang ihrer Artgenossen nachahmen, sondern auch unsere Reden. Allein ihre körperliche Disposition und ihre am Sprechvorgang beteiligten Muskeln befähigen sie, ähnliche Laute zu bilden.

Um diese im Körper mechanisch ablaufenden Vorgänge, "*qui se communiquent de l'oreille à toutes les parties propres à former la voix*",[155] auf Lautäußerungen näher zu exemplifizieren, beschreibt Cordemoy seine Beobachtungen an einem im Käfig gehaltenen Hänfling. Er findet darin neue Argumente für die Annahme, daß Tiere mechanisch auf Lautäußerungen reagieren. Descartes hatte besonders auf Papageien und Elstern und deren Imitation solcher menschlicher Wörter hingewiesen, die ihnen im Zusammenhang mit der Verabreichung von Futter beigebracht werden:

"Car si on apprend à une pie à dire bon iour à sa maistresse, lors qu'elle la voit arriver, ce ne peut estre qu'en faisant que la prolation de cette parole devienne le mouvement de quelqu'une de ses passions; à sçavoir, ce sera un mouvement de l'esperance qu'elle a de manger, si l'on a tousiours acoutumé de luy donner quelque friandise, lors qu'elle l'a dit;"[156]

Cordemoy erklärt, auf welche Weise bei Vögeln Sinnesorgane, Gehirn und *esprits* an dem Vorgang der Stimmennachahmung beteiligt sind. Sowohl der Anblick der Nahrung als auch die Lautäußerungen der sie fütternden Mütter hinterlassen gleichzeitig und an derselben Stelle Eindrücke im Gehirn der Tiere.

Der wiederholte gleiche Vorgang der Affizierung des Gehör- und des Gesichtssinnes und die zwei gleichzeitigen Bewegungen des Gehirns hinterlassen

---

154 A.a.O., 43
155 A.a.O., 3
156 AT, IV, 574 (Brief an den Marquis de Newcastle vom 23. Nov. 1646)

einen solchen Eindruck, daß die *esprits* die Muskeln notwendigerweise zur Formung eines ähnlichen Lautes disponieren.

Hört ein Hänfling in der Gefangenschaft beim Anblick der Nahrung immer wieder menschliche Worte, so bringt auch er auf Grund der körperlich bedingten Beziehung (*communication*) statt der natürlichen arteigenen Laute der menschlichen Sprache ähnliche Laute hervor.

> "Cela doit necessairement arriver ainsi [...] parce qu'ayant toûjours accompagné une action, qui a fait une si forte impression sur leur cerveau, il n'est pas possible que cette action ébranle leur cerveau, qu'aussi-tôt les esprits ne coulent vers les muscles qui servent à former ces chants, ou ces paroles."[157]

In diesem körperlichen Zusammenhang zwischen den Sinnesorganen des Ohrs und den lautbildenden Organen sieht Cordemoy auch eine Erklärung dafür, daß taube Lebewesen auch stumm sind:

> "Enfin il n'y a personne de bon sens, qui aprés cette discution ne voye pourquoy un animal étant né sourd, doit necessairement être muet."[158]

Alle Beobachtungen tierischer Verhaltensweisen führen Cordemoy zu der Überzeugung, daß die Tiere nur mechanisch sich bewegende Körper sind und keine Seele brauchen, um verschiedenartige Laute zu äußern, um von Lautäußerungen auf unterschiedliche Art bewegt zu werden und um sogar den Klang unserer Wörter nachzuahmen:

> "on n'en doit chercher la cause que dans leurs corps et la differente construction de leurs organes." [159]

---

157 DPP, 45
158 A.a.O., 46
159 A.a.O., 4

II.C.2.c. Die physiologischen Abläufe als körperliche Aspekte der menschlichen Sprache.

Auch unser Sprechen ist nur möglich, weil unser Körper mit Organen wie der Lunge und den Stimmbildungskörperteilen ausgestattet ist, die die Luftbewegungen modifizieren, ferner mit einem Gehör und einem Gehirn, die von der Luftbewegung einer Lautäußerung so bewegt werden, daß wir Laute formen können.

Die Stimme wird vom Körper gebildet, und durch bestimmte, physiologische Vorgänge werden die Vokale, Diphthonge und Konsonanten hervorgebracht.

Cordemoy beschreibt die Artikulation und Modifikation der einzelnen Laute sehr ausführlich und erklärt, daß Schwierigkeiten beim Aussprechen allein körperliche Ursachen haben:

> "..la facilité ou la difficulté de prononcer, ne vient que de la disposition, qui se rencontre dans les parties de la bouche."[160]

Auf körperliche Ursachen im Bereich des Gehirns führt Cordemoy rhetorische Probleme zurück,"tellement que si l'on veut rechercher les causes physiques de l' Eloquence, on les trouvera toutes dans cette heureuse disposition de [sic] cerveau"[161] Von einer vortrefflichen Gehirnbeschaffenheit hängt eine leichte, angenehme und erfolgreiche Rede ab. Die körperlichen Ursachen der Beredsamkeit lassen sich in einer vortrefflichen Disposition des Gehirns finden, die zur Durchführung gedanklicher Vorgänge, zum Festhalten lebhafter Eindrücke und zu ihrer besseren Anordnung befähigt, so daß man angenehm, leicht und mit Erfolg reden kann. Die Notwendigkeit, "de s'exprimer par les paroles, est cause que ceux qui ont naturellement le cerveau le plus mieux disposé en tout ce qui peut servir aux operations de l'ame,[...]sont ceux, qui parlent avec le plus de facilité, le plus d'agrément, & le plus de succez."[162]

Die Eloquenz betrachtet Cordemoy als Anwendung der Erkenntnisse von den Abläufen im Körper der Sprechenden und Zuhörenden. In diesem Teil der physikalischen Abhandlung über die Sprache, die die Redekunst betrifft, behandelt Cordemoy nicht exklusiv körperliche Aspekte. Da er in den körperli-

---

160 A.a.O., 34
161 A.a.O., 62
162 Ebd.

chen Vorgängen des Gehirns die Voraussetzung einer erfolgreichen, geistigen Tätigkeit sieht, nennt er auch die geistigen Operationen, denen sie dienen. Daher findet man in diesem Abschnitt eine enge Verknüpfung psychischer und physischer Tätigkeiten.

Die Kunst eines ausgezeichneten Redners, führt Cordemoy aus, besteht in seiner Fähigkeit, Gegenstände eines Sachgebietes, die sich seinem Geist präsentieren, in ihren Teilen präzise zu unterscheiden und dem Zuhörer ebenso genau mitzuteilen.

"En effet, on sçait, que la premiere partie d'un excellent Orateur, est de pouvoir aisément discerner, entre toutes les choses, qui se presentent à son esprit sur le sujet qu'il traite, ce que les auditeurs en doivent sçavoir, pour ne leur dire présisément que cela." [163]

Ein guter Redner zeichnet sich dadurch aus, daß er die Eindrücke der Dinge, die er sich sich in seinem Geist vorstellt, nicht nur gut zu unterscheiden vermag, sondern auch in Erinnerung behält. Beides hängt von der Disposition des Gehirns ab:

"Et il est évident qu'à moins que d'avoir un cerveau disposé à conserver des impressions bien distinctes de chacune de ces choses, il n'en peut faire un juste discernement." [164]

Zweitens sollte die Rede auf klare und einfache Weise einen Sachverhalt darstellen und erklären. Aber dies ist nicht möglich, "*quand les parties du cerveau sont mal disposées, ou le cours des esprits mal reglé.*" [165] Sind die Eindrücke, die die Dinge im Gedächtnis hinterlassen, unklar und verwischt, kann der Geist nicht in der richtigen Ordnung über die Sache nachdenken.

"..car alors les impressions des choses se confondent,..ou bien elles se remuënt avec tant de précipitation, que l'esprit ne peut, ni reflechir sur l'ordre de chacune, ni la mettre bien en sa place." [166]

---

163 Ebd.
164 Ebd.
165 A.a.O., 64
166 Ebd.

Drittens sollte der Redner das jeden Gegenstand bezeichnende richtige Wort kennen und sich leicht an den entsprechenden Namen erinnern, der die Idee des Gegenstandes repräsentiert bzw. zur Vorstellung bringt. Dazu ist ein zuverlässiges Gedächtnis erforderlich und eine Veranlagung, die verhindert, daß die Eindrücke sich verwischen oder daß das passende Wort nicht gefunden wird. Die Funktion des Gedächtnisses ist nur dann vollkommen, wenn ein Wort, das eine bestimmte Sache bezeichnet, sich leicht in der jeweilig benutzten Sprache finden läßt. Die Vorstellung von einem Wort,"*l'idée d'un mot*", stellt sich ein, wenn die im Gedächtnis hinterlassenen Eindrücke der Wörter sich nicht verwischen:

> "Et cela dépend d'une mémoire, qui ne peut être fidéle, comme il faut qu'elle le soit, à que les parties du cerveau n'ayent un arrangement & un temperament, qui empêche que les impressions ne se confondent, ou que l'idée d'un mot ne se presente, quand on en cherche un autre." [167]

Diese drei notwendigen Voraussetzungen betreffen den ersten Teil der Redekunst, dessen Ziel die Wissensvermittlung ist, und sie erfordern im menschlichen Körper ein gut geordnetes Gehirn und einen vorzüglich organisierten Lauf der *esprits*:

> "ces trois choses demandent un cerveau, dont les parties soient bien ordonnées & assez arrêtées [sic]. Elles demandent outre cela que le cours des esprits soit merveilleusement reglé, ce qui est déja fort difficile à trouver." [168]

Der zweite Teil der Redekunst besteht in der Berücksichtigung der Situation der Hörerschaft. Eine erfolgreiche Rede verlangt vom Sprecher, daß er die Passionen der Anwesenden berücksichtigt und die Gründe kennt, mit denen er sie überzeugen und von Irrtümern abbringen kann. Cordemoy meint, man muß in Betracht ziehen, "*que pour y bien réussir, les parties du cerveau semblent ne pouvoir être trop agitées, ni le cours des esprits trop impetueux.*" [169] Gewöhnlich muß der erfolgreiche Redner sowohl geordnete Informationen bringen als auch mit Temperament Emotionen hervorrufen.

---

167 Ebd.
168 Ebd.
169 A.a.O., 65

"Et cela n'est pas difficile à concevoir: car, si l'on convient que pour être parfaitement éloquent, il faut savoir l'art d'instruire les auditeurs et celuy de reprimer ou d'exciter leurs passions, selon qu'il est utile pour la fin qu'on se propose;" [170]

Zu den körperlichen Ursachen der Beredsamkeit zählt Cordemoy "*le temperament*", als diejenige natürliche Veranlagung, die es ermöglicht, bei einer wohlgeordneten Rede die Zuhörer auch emotional zu beeinflussen. Cordemoy meint, daß die zwei körperlich bedingten Fähigkeiten "*pour instruire, & èmouvoir*" [171] zwei gegensätzlichen Talenten entsprechen, die nur selten bei Menschen in der besten Mischung anzutreffen sind. Zu den körperlichen Bedingungen der Beredsamkeit gehören also nicht nur gut geordnete Gehirnteile, sondern auch die richtige Gemütsbeschaffenheit, die nach Cordemoy ebenfalls im Gehirn ihre körperliche Ursache hat.

"Or ces deux choses dépendent de deux dispositions si opposées, qu'il est difficile de trouver des hommes, dont le cerveau ait ce juste temperament, qui peut donner l'un & l'autre de ces talens." [172]

Schon Cicero hat festgestellt, führt Cordemoy weiter aus, daß eine Gerichtsrede umso erfolgreicher ist, je mehr sie die Vernunftgründe lebhaft vortägt und die Gefühle der Zuhörer anspricht.

Wenn bei einem Redner nur eines der beiden Talente natürlicherweise vorhanden ist, läßt sich das Fehlen des anderen durch Einüben kompensieren. Zum Beispiel haben Menschen mit einer feinen, beweglichen Beschaffenheit der Gehirnteile eine schnelle Auffassungsgabe und gewöhnlich heftige Passionen, aber ein schlechtes Gedächtnis:

"il faut remarquer que ceux qui ont la conception vive, ont ordinairement les passions violentes parce qu'ils ont toutes les parties du cerveau fort déliées, & mobiles: mais ordinairement ils ont peu de mémoire;" [173]

---

170 A.a.O., 71f.
171 A.a.O., 65
172 Ebd.
173 A.a.O., 66f.

Dagegen haben Menschen mit größeren, festeren Gehirnteilen eine schlechtere Auffasssungsgabe und reagieren nicht gleich emotional, aber im Ausgleich dazu besitzen sie ein besseres Gedächtnis für Dinge und Passionen:

> "Au contraire ceux qui ont les parties du cerveau plus grosses & plus fixes, conçoivent moins de choses & moins aisément. D'ailleurs ils n'ont pas les passions si promptes: mais en récompense ils retiennent plus long-temps & les choses & les passions." [174]

Cordemoy hält diese Menschen nicht für besonders fähig, gute Reden zu entwerfen..

Drei Fehler können allerdings auch einem guten Redner mit Temperament unterlaufen. Ereifert er sich für bestimmte Dinge zu sehr, so muß er sich bestimmte Grenzen setzen. Ordnet er die Redeteile schlecht, so muß er sich daran gewöhnen, seine Gedanken zu entwirren und sie entsprechend der Natur der Sache darzustellen. Außerdem muß dabei erwogen werden, ob die Rede vor einer Volksversammlung oder vor mächtigen Personen gehalten wird. Gute und schlechte Beispiele helfen, eine erfolgreiche Ansprache zu verfassen. Kann sich der Redner drittens sich den Sachverhalt nicht merken, dann sollte die Rede so oft wiederholt werden, bis sie ihm vertraut ist. Der Schwierigkeit, Wörter und Ausdrücke ("*des paroles et des expressions*") zu finden, begegnet man am besten, indem man die schwierigsten und abstraktesten Themen behandelt, über sie spricht und den Text niederschreibt. Diese dritte Unzulänglichkeit betrifft das Gedächtnis, das insofern fehlerhaft sein kann, als es die Dinge oder Wörter nicht im richtigen Augenblick bereithält:

> "Quant au troisiéme inconvenient, qui est celuy de la memoire, elle ne peut être fautive, que parce qu'elle ne represente pas dans l'occasion les choses, ou les mots." [175]

Wenn anläßlich von Gegenständen oder von Wörtern nicht die entsprechenden Vorstellungen im Geist entstehen, so ist der Grund dafür in einem schlechten Gedächtnis zu suchen. Durch Gewohnheit und Übung verbindet jedoch das Gedächtnis die Eindrücke der Wörter mit denen der Dinge. Dann muß man nicht befürchten, schreibt Cordemoy, daß man, wenn sich der Geist die Dinge vorstellt, nicht auch die entsprechenden Wörter zur Verfügung hat.

---

174 Ebd.
175 A.a.O., 69

> "Pour les mots, il ne faut pas craindre qu'ils ne viennent aisément à la bouche, quand on aura les choses presentes à l'esprit, pourvû qu'on ait fait l'habitude de parler."[176]

Mit der Beredsamkeit verbinden sich gewöhnlich gedanklich zu bewältigende Probleme, die Cordemoy auch anspricht; aber sein Interesse gilt vor allem der Funktion des Gedächtnisses, das den sprachlichen Ausdruck der Gedanken und damit auch die Kommunikation mit anderen Menschen erst ermöglicht. Er erörtert aber auch die *Eloquence des purs Esprits*. [177]Da sie nicht mit einem Körper vereint sind wie die Menschen, sind sie frei von dessen Funktionen und brauchen zur Mitteilung ihrer Gedanken nur den Wunsch, sie mitzuteilen.

II.C.2.d. Occasionalistische Erklärungen der physikalischen (physiologischen) Abläufe im Organismus der Lebewesen.

Ist die Kommunikation der Tiere untereinander nur als ein Aufeinandertreffen von Körpern anzusehen, die auf Grund ihrer Beschaffenheit sich aufeinander zu- oder voneinander fortbewegen, so sind auf die Bewegungen der Tiere die gleichen Lehrsätze anwendbar, die Cordemoy in seinem IV. Discours festgelegt hat. Hier geht er von der Annahme der Passivität der Körper aus und sagt, daß kein Körper von sich aus Bewegung hat und daß der Erstbeweger der Körper kein Körper, sondern ein mächtiger Geist ("*l'Agent*"[178]) ist, der zu Beginn der Welt begonnen hat, die Körper zu bewegen, und der ihre Bewegungen auch weiterhin erhält. Kein Körper kann einen anderen bewegen, selbst wenn wir dies zu sehen glauben.

> "Comme aussi il peut arriver qu'une bête crie de telle sorte à l'occasion d'un objet dangereux, qu'elle fasse fuir toutes les autres bêtes de même espece,[...]"[179]

Wir sagen, "qu'un corps agit sur un autre corps, toutes fois que cet autre corps reçoit quelque changement à son occasion."[180]

---

176 A.a.O., 70
177 A.a.O., 74 f.
178 DCA, 137
179 DPP, 42

Allein aus Vernunftgründen ist zu erkennen, daß das Aufeinandertreffen von Körpern für Gott, der den einen Körper bewegt, eine *occasion* ist, auch den anderen zu bewegen.

"Et comme j'ai montré qu'un corps ne donne jamais le mouvement à un corps, mais seulement que leur rencontre est une occasion à la Puissance divine, qui mouvoit l'un, de s'appliquer à l'autre;" [181]

Um zu erklären, in welcher Weise das Aufeinandertreffen geschieht, ist es nicht nötig, immer die Erstursache der Bewegungen der Körper zu nennen, da wir sie ohnehin nicht sehen. Zur Erklärung reicht es, wenn wir uns damit zufrieden geben, auf die beteiligten Körper hinzuweisen,"*alleguant ainsi l'occasion pour la cause*" [182]

Alle Vorgänge im Körper der Tiere, auch die uns nicht bewußten Funktionen der Atmung und des Herzens sowie unsere unwillkürlichen Reaktionen auf die Affizierung unserer Ohrnerven, erklärt Cordemoy mit dem Lauf der *esprits*, von denen er sagt, daß sie keine Seele brauchen, um bewegt zu werden, und daß Gott die Ursache ihrer Bewegung ist: "*la puissance [...] meut toutes ces particles*" [183]

Die physiologischen Vorgänge im Organismus, die Cordemoy als *communication* oder *rapport* bezeichnet, scheint er ebenfalls als eine Abfolge von Bewegungen in den einzelnen Körperteilen zu verstehen, bei denen keine Bewegungsübertragung anzunehmen ist. Er beschreibt, in welcher Weise die Einzelorgane, die wie alle Körper als undurchdringlich gelten, ihren jeweiligen Zustand verändern, "car l'état d'un corps ne passe point dans un autre".[184] Dafür, daß Cordemoy das annimmt, gibt es im Text des "Discours physique de la parole" Indizien, zum Beispiel intransitive Verbformen, Passiv- und Reflexivformen, Umschreibungen wie "à l'occasion de" und "aussi-tôt que". Am häufigsten ist die Verwendung von "faire que":

"ce rapport qu'il y a des oreilles au larinx, fait que du même endroit, que les nerfs de son oreille ont ébranlé son cerveau, il coule necessairement des esprits dans les muscles du larinx, qui le disposant d'une maniere répondante à l'impression du cerveau,

---

180 A.a.O., 83
181 Ebd.
182 DCA, 139
183 Ebd. S. 142
184 Ebd. S. 138

font que la bête pousse un cry tout semblable. De là vient que les oyseaux s'excitent à chanter." [185]

Der Text hat folgende Beispiele für die Verwendung von *occasion* beim Aufeinandertreffen von körperlichen Geschehen:

"[...] lors qu'il n'y a encore aucune impression dans le cerveau à l'occasion d'un objet [...]"[186]

"Comme aussi il peut arriver qu'une bête crie de telle sorte à l'occasion d'un objet dangereux,[...]" [187]

Während die Sinneswahrnehmung der Lebewesen durch eine Reihe von Vorgängen vom Aufprall des Schalls einer Lautäußerung im Ohr bis hin zum Bewegtwerden des Gehirns durch die Nerven der entsprechenden Körperteile hervorgerufen wird, wird der *rapport*, der zwischen dem Gehirn und den verschiedenartigen Bewegungen der Muskeln besteht, einschließlich denen, die der Stimmbildung dienen, mit dem verschiedenartigen Lauf der *esprits* erklärt. Ihre Laufrichtung wird durch die jeweiligen arteigenen Bedürfnisse oder durch die Neigung zur Nachahmung eines ähnlichen Lautes determiniert. Cordemoy bezeichnet die Bewegung der *esprits* auch als eine solche "*des petites particules, que l'on nomme les esprits.*" [188] Er sagt außerdem, "*que ces esprits ne sont autre chose, que les plus délicates parties du sang échauffé, [...] & enfin que ces parties étant arrivées au cerveau, coulent dans les nerfs, & de là dans les muscles de sorte qu'elles n'ont point besoin de l'ame pour être mûës.*" [189]

Wenn wir einen gehörten Laut nachahmen können, so können wir es auf Grund dieses *rapport*, der in unserem Körper ohne Beteiligung der Seele besteht, müssen dies aber wollen. Die Reaktion auf ein lautes Geräusch und unser darauf folgendes Zurückweichen ist hingegen ein bloßer Automatismus, der ausschließlich auf dem Lauf der *esprits* beruht.

"Enfin si nôtre cerveau, quand il est ébranlé par un bruit ou une voix, laisse plûtôt couler les esprits dans les muscles, qui servent à transporter nôtre corps prés ou loin

---

185 DPP, 42
186. A.a.O., 38
187 A.a.O., 42; vgl. Rainer Specht, Über "occasio" und verwandte Begriffe im Cartesianismus II, in: Archiv für Begriffsgeschichte XVII (1973), 53- 55
188 DCA, 142
189 Ebd.

de ceux qui ont causé ce bruit, ou formé cette voix, que dans les muscles du larinx ou des autres parties, qui pourroient servir à former une voix semblable, c'est parce que nous avons un corps." [190]

Der geregelte Lauf der *esprits* kann aber auch durch unsere Seele beeinflußt und umgeleitet werden. Das geschieht anläßlich unseres Wunsches, anders als unser Körper zu reagieren : "*Nous sentons même souvent une volonté toute contraire aux mouvemens, que ce bruit excite en nôtre corps;*" [191] Der Wunsch unserer Seele wird für Gott als die Macht, die Körper und damit auch die *petites particules* bewegt, zum Anlaß, die Richtung dieser in Bewegung befindlichen Korpuskeln in der gewünschten Weise zu ändern.

"Il est bien vray, qu' étant déja émûes, lors qu'elles [les particules] passent dans le cerveau, quelques-unes d'elles peuvent être dirigées selon ses souhaits; c'est-à-dire, que si tôt qu'elle desire que le corps, auquel elle est unie, se porte vers un coté, la puissance, qui meut toutes ces particules, les meut d'une facon répondante à ce desir." [192]

Betrachtet man die Entstehung unserer sprachlichen Äußerungen und ihre Wirkungen, so ist nach Cordemoy darin ein Wirken Gottes zu erkennen, der die Beziehungen unseres Köpers zu anderen Körpern des Universums festgelegt hat;

"parce que la proportion que Dieu a mise entre luy et les autres corps de l'univers, luy donne, sans que nous y pensions, tout ce qui le peut entretenir dans un état convenable à sa nature;" [193]

---

190 DPP, 49 f.
191 A.a.O., 51
192 DCA, 142
193 DPP, 50

II.C.3. Die Kommunikation zwischen den Menschen als Kommunikation zwischen Seele und Körper und Körper und Seele.

II.C.3.a. Die drei Korrespondenzarten zwischen Leib und Seele.

Cordemoy erklärt den Austausch zwischen Leib und Seele mit drei unterschiedlichen Beziehungen, die in der Sprache erkennbar werden. Die dritte Art der Korrespondenz betrifft im Eigentlichen die Sprache.
Die erste *correspondance*, diejenige zwischen der sinnlichen Wahrnehmung und der Seele, ist natürlicher Art, und sie besteht für die Dauer des Lebens. Ihre vollständige Aufhebung bringt den Tod mit sich. In der Seele entstehen bestimmte Sinnesempfindungen, sobald bestimmte Bewegungen im Gehirn hervorgerufen werden Und umgekehrt werden, sobald die Seele dies will, im Körper Bewegungen hervorgerufen.

> "C'est cette correspondance necessaire, par laquelle certaines sensations naissent en l'ame, dés que certains mouvemens sont excitez dans le cerveau, comme des mouvemens sont excitez dans le corps, dés que l'ame en a la volonté."[194]

Darüber hinaus gibt es eine zweite Beziehung zwischen den Ideen, die der Geist von den Dingen hat, und den Eindrücken, die die Dinge im Gehirn hinterlassen. Diese Verbindung besteht so lange, wie die Seele mit einem Körper vereinigt ist. Die Seele hat nur Ideen von körperlichen Dingen, wenn Eindrücke von diesen im Gehirn sind:

> "tandis que l'ame est unie aux [sic] corps, jamais elle n'a l'idée des choses corporelles, que leur impression ne soit dans le cerveau." [195]

Eine dritte *correspondance* besteht zwischen dem Namen einer Sache und seiner Idee. Da sie auf Einsetzung beruht, kann sie sich ändern. Aber nachdem ein

---

194 A.a.O., 58
195 A.a.O., 59

einmal erlernter Name, mit dem man einen Gegenstand bezeichnet, mit der Idee dieses Gegenstandes in der Seele eng verbunden ist und im übrigen der körperliche Eindruck dieses Wortlautes mit dem der entsprechenden Sache im Gehirn assoziiert ist, ist es schwer, diese Beziehungen aufzulösen.

> "Comme le son du premier nom qu'on donne à une chose, est une sensation que l'ame joint étroitement à l'idée de cette chose, & que d'ailleurs l'impression de ce nom se trouve jointe à celle de la chose dans le cerveau, on a grande peine à les separer." [196]

Cordemoy beschreibt in diesen drei Leib-Seele-Beziehungen alle körperlichen Prozessse, die die Sprache betreffen, und macht klar, in welcher Weise die Seele daran beteiligt ist. Perzeptionen bzw. Ideen von dem, was sie umgibt, "*de ce qui est au dehors*", hat die Seele nur anläßlich von körperlichen Bewegungen. Eine Sinneswahrnehmung, "*une sensation ou si vous voulez une perception*"[197], bekommt die Seele nur aus Anlaß einer Bewegung im Gehirn, "*à l'occasion de cet ébatement du cerveau.*" [198] Ideen von Körpern außerhalb unser bekommt sie auch nur durch Bewegungen in dem Körper, mit dem sie vereint ist:

> "elle ne peut recevoir aucune idée de ce qui est au dehors, que par les mouvemens, qui sont excitez dans le corps, qu'elle anime." [199]

Dieser völligen Passivität der Seele oder des Geistes steht allein die Fähigkeit des Wollens entgegen: "*dés que l'ame veut que le corps soit mû d'une certaine façon, il le soit en même temps.*"[200] Der Wille entscheidet auch, ob zwei Menschen sich ihre Gedanken durch die Sprache mitteilen oder nicht:

> "[...] la communication entre deux hommes se fait par la parole, c'est à dire, par la volonté d'exprimer ce qu'ils pensent, & par des mouvemens, qui répondent à cette volonté." [201]

---

196 Ebd.
197 A.a.O., 50
198 A.a.O., 52
199 A.a.O., 16
200 Ebd.
201 A.a.O., 78

II.C.3.b. Leib-Seele Vorgänge beim Reden.

Der Wille, sich über Gegenstände mit Worten zu verständigen, setzt etwas voraus, das Cordemoy in der dritten Leib-Seele Beziehung beschreibt: der eine Sache bezeichnende Wortlaut ist durch Gewonheit mit der Idee der Sache in der Seele assoziiert. Will man der Idee einer Sache Ausdruck verleihen, so erinnert man sich anläßlich ihrer an den entsprechenden Wortlaut, und nach dem Willen der Seele werden vom Gehirn aus alle Bewegungen in den Körperteilen veranlaßt, die benötigt werden, damit man das die Sache bezeichnende Wort aussprechen kann. Es sind zwei parallel ablaufende körperliche Prozesse, die im Gehirn durch die Stimme und den Eindruck der Sache entstehen und die in der Seele durch die Idee des Wortklangs (le son d'un mot) und die Idee der Sache gewohnheitsmäßig verbunden sind.

> "Tellement que, quand on veut exprimer l'idée de cette chose, on conçoit en même temps le son de voix qui la signifie, puis qu'à l'occasion de cette idée & de la volonté que l'ame a que le cerveau se dispose comme il faut qu'il le soit, pour laisser couler des esprits dans les parties qui la doivent former, il arrive qu'il est ébranlé à l'endroit où l'impression de cette chose est restée d'où les esprits coulent dans les muscles des parties qui servent à la voix, pour les disposer à former celle qui signifie ce qu'on veut dire" [202]

Mit der dritten Beziehung, bei der die materiellen und geistigen Komponenten der Rede unterschieden werden, erklärt Cordemoy, wie man im Ausgang von der Muttersprache fremde Sprachen erlernt, um auch mit Menschen anderer Länder Gedankenaustausch zu pflegen. Gewöhnlich geschieht dies so, daß man den bereits bekannten Namen einer Sache mit dem neuen verbindet und sich dabei die Bedeutung vorzustellen. Verschiedene Wörter repräsentieren dann denselben Gegenstand. Man kann auf diese Weise sehr leicht die Idee einer Sache mit mehreren Zeichen und Wörtern verschiedener Sprachen ausdrücken. Die anfänglichen Schwierigkeiten, die man hat, um die Namen in einer neu zu erlernenden Sprache mit ihren Bedeutungen zu assoziieren, und die Probleme der richtigen Aussprache hängen mit mehreren Faktoren zusammen. Wenn es mit der Zeit leichter wird, eine neue Sprache zu erlernen, so liegt es an der ausge-

---

[202] A.a.O., 57

zeichneten Beschaffenheit unseres Gehirns und der bewundernswerten "*correspondance qui est entre ses mouvemens & nos pensées.*"[203]

Da Menschen sich nur mittels der Sprache verständigen können, lassen sich Schwierigkeiten dabei allein auf die gute oder schlechte Disposition der Körperorgane und nicht auf unklare Gedanken zurückführen. Mühevolles Reden vieler Menschen kommt von einer schlechten Disposition ihrer Gehirnteile oder ihrer Stimmbildungsorgane, "*mais non pas de leurs pensées qui s'expliquent toujoûrs clairement par elles-mêmes.*" [204] Schwierigkeiten bei der Verständigung mit anderen Menschen entstehen durch den Gebrauch von Zeichen, die nicht mit den Gedanken übereinstimmen.

> Aussi la peine que chacun a dans les entretiens & dans toutes les occasions, où les hommes communiquent leurs penées par les signes ou par les paroles, n'est pas de comprendre ce qu'un autre pense, mais c'est de démêler sa pensée des signes ou des mots, qui souvent ne luy conviennent pas." [205]

An der Unkenntnis der Zeichen und der Namen liegt es, wenn sich Menschen, die in verschiedenen Ländern aufwachsen, nicht verständigen können, aber mit der Zeit gewöhnen sie sich daran, die unterschiedliche Bedeutung der Zeichen und Wörter zu erfassen, und haben keine Mühe mehr, sich untereinander ihre Gedanken begreiflich zu machen, gleich welcher Nation sie angehören. Daher ist klar zu erkennen, "*que la pensée de l'un est toûjours claire à l'autre, dés qu'il la peut appercevoir.*" [206]

II.C.3.c. Die menschliche Sprache als schwer zu begreifender Vorgang.

Für Cordemoy ist die Verständigung der Menschen untereinander durch Reden nicht leicht zu begreifen, wenn man die Verschiedenheit der Natur des Geistes von der des Körpers bedenkt: "*[...]cela fait tant de peine à concevoir, à cause que l'on sçait, qu'il y a une étrange difference entre la nature de l'esprit & celle*

---

203 A.a.O., 60
204 A.a.O., 62
205 A.a.O., 61
206 Ebd.

du corps, [...]" ²⁰⁷ Solange die Seelen mit einem Körper vereinigt sind, sind ihre Gedanken sowohl beim Sprechen als auch beim Hören mit körperlichen Organen verbunden:

"[...] l'ame est obligée, tandis qu'elle est unie au corps, de joindre ses pensées à des voix, qui ne se peuvent ouir ni former sans les organes de la langue & de l'oreille."
²⁰⁸

Gedanken können wir nur durch die Stimme, die in den Organen des Sprechenden gebildet wird und deren Schall auf das Ohr des Zuhörenden trifft, übermitteln. Die die Kommunikation betreffende Wechselbeziehung zwischen Geist und Körper des Sprechenden und Körper und Geist des Hörenden gestaltet sich in ihrem Ablauf derart, daß der Gedanke der einen Seele durch die Vermittlung des Gehirns, der Sprechorgane und der Lautäußerung über das Ohr und das Gehirn Gedanken in der Seele des anderen hervorruft. Es ist schwer zu verstehen,

"comment la pensée d'un homme qui parle, est jointe au mouvement de son cerveau, & les mouvemens du cerveau à ceux des parties qui servent à la voix; [...] comment cette voix qui n'est qu'un air agité, frappe l'oreille, & peut, en émouvant le cerveau, exciter en l'ame de celuy qui écoute, le son des mots & l'idée des choses qu'ils signifient;"²⁰⁹

Die Verständigung zweier Menschen ist ein schwer zu bergeifender Vorgang, denn die Gedanken des Sprechenden gelangen nur mittels der Körperorgane und als akustische Phänomene zu dem Hörenden und die Idee einer Sache im Geist des Redenden wird nur durch den Wortlaut wieder zu einer Idee im Geist des Hörenden. Das läßt sich graphisch so darstellen:

Gedanke <> Gehirn <> Sprechorgane <>Stimme <> Ohr <> Gehirn <>Gedanke.
---Idee der Sache <------>Wortlaut (le son des mots) ²¹⁰<------>Idee der Sache---

---

207 A.a.O., 60
208 Ebd.
209 Ebd.
210 Ebd.

Schwierigkeiten bei der Übersetzung von Gedanken in Zeichen und wieder zurück in Gedanken beruhen nach Cordemoy auf der Nichtübereinkunft von Zeichen oder Namen mit den Gedanken. Die Ursache solcher Schwierigkeiten sind nicht in den Gedanken, sondern nur in den Zeichen, ihrer Unkenntnis oder ihren körperlichen Ursachen zu suchen.

II.C.4. Die Kommunikation der Geister untereinander und mit den Menschen.

II.C.4.a. Gründe für ihre Möglichkeit.

Unsere Schwierigkeiten zu verstehen, daß ein Geist ohne Körper wie z.b. ein Engel mit einem Menschen in Verbindung treten kann oder daß zwei Geister sich untereinander ihre Gedanken mitteilen können, kommen von unserem Vorurteil, daß wir alle Dinge ohne Nachdenken übereilt beurteilen dürfen. Da wir sehen, meint Cordemoy, daß Menschen sich der Stimme bedienen und sich sehr leicht verständigen, so nehmen wir an, *"[...] qu'il seroit bien difficile à deux esprits de se communiquer leurs pensées."* [211] Aber zieht man alle Kommunikationsarten in Betracht, so findet man zwischen der Verständigung von Menschen und von Geistern nur den Unterschied, *"que la communication qui est entre les hommes, est la plus mal-aisée à concevoir, à cause qu'elle se fait par le moyen des mouvemens, qui sont tout-à-fait differens des pensées;"* [212]

Zwei Geister, die nicht mehr mit einem Körper verbunden sind, müßten sich nach Cordemoy ihre Gedanken leichter und klarer mitteilen können, da *"l'ame est obligée, tandis qu'elle est unie au corps, de joindre ses pensées à des voix"*[213], eine Kommunikation ohne die Notwendigkeit sprachlicher Zeichen aber besser ist:

> "Car enfin l'esprit doit plus aisement appercevoir une pensée, qui est une chose spirituelle, que le signe de cette pensée, puisque ce signe est une chose corporelle."[214]

Schwierigkeiten bei der Kommunikation ihrer Gedanken haben nur Menschen auf Grund ihrer Vereinigung mit einem Körper, der Sprachzeichen hervorbringt und akustische Eindrücke empfängt. Die Leichtigkeit des sprachlichen Ausdrucks und des Verständnisses hängt ab von der Konstruktion und Disposition des Gehirns und anderer an dem sprachlichen Geschehen beteiligten Organe,

---

211 A.a.O., 76
212 A.a.O., 77
213 A.a.O., 60
214 A.a.O., 61

"*mais non pas de leurs pensées, qui s'expliquent toûjours clairement par elles mêmes, & ne seroient jamais obscures, si elles étoient séparées des signes, ou des voix, qu'on employe pour les faire entendre & qui souvent ne leur conviennent pas.*" [215]

II.C.4.b. Einzelne Kommunikationsformen.

Reine Geister befinden sich in einem Zustand der Freiheit, da sie, ohne mit einem Körper vereint zu sein, miteinander kommunizieren können, indem sie ihre Gedanken ohne Körperbewegungen manifestieren.

> "[...] si l'on suppose que ces esprits soient dans cet état de liberté, qui fait qu'on peut se déterminer à une chose ou l'autre, il est aisé de concevoir que si l'un d'eux étant plus éclairé, a quelque desir pour une chose, qu'un pur Esprit soit capable de vouloir; par exemple, pour sa propre gloire;"[216]

In der Hierarchie der reinen Geister gibt es nach Cordemoy solche, die weniger erleuchtet sind und sich für den eigenen Ruhm und nicht für den Ruhm Gottes entscheiden. Da sie nicht mit einem Körper vereint sind, bedürfen sie zur Mitteilung keiner Organe und Sinne, sondern nur des Willens:

> "[...]deux esprits n'ont besoin, pour se communiquer leurs pensées, que de le vouloir."[217]

Zwei reine Geister brauchen zur Manifestation ihrer Gedanken nicht die Kenntnis der Körperzeichen, die die Menschen zur Kommunikation untereinander benötigen.

> "Car dans la parole il y a deux choses, sçavoir la volonté de communiquer ses pensées , & les mouvemens par lesquelles on les communique." [218]

---

215 A.a.O., 62
216 A.a.O., 74
217 A.a.O., 75

Für Cordemoy ist auch die Kommunikation eines reinen Geistes mit einem Menschen durchaus verständlich. Die Manifestation der Gedanken geschieht aber nicht auf die beim Reden gewohnte Weise über die Sinnlichkeit, sondern ist intelligibler Art und wird als Inspiration bezeichnet.

"Si un pur Esprit communique avec un homme, encore que ce soit d'une façon moins sensible que ne sont les paroles ordinaires, c'est toutefois d'une maniere intelligible, qui peut luy donner insensiblement les pensées, [...] en un mot l'inspirer."[219]

Da Cordemoy Inspiration als das Mittel bezeichnet, wodurch wir neue Gedanken erhalten, für die keine Ursache in unseren Passionen und in der Verständigung mit anderen Menschen zu finden ist, nimmt er sie als einen sicheren Ausweis für die Existenz von Geistwesen an, "*pour une certitude qu'il y a encore d'autres esprits, qui nous les peuvent inspirer.*" [220] Nach der Engellehre der Scholastik nimmt Cordemoy an, daß diese Geistwesen sich einen Körper zulegen können, um mit menschenähnlichen Lauten wichtige Anweisungen zu übermitteln:

"[...] nous concevons aisément que Dieu, qui fait que nos esprits agitent des corps, peut (s'il est necessaire) donner à un Ange le même pouvoir, pour se faire entendre par la parole." [221]

Umgekehrt ist es den Menschen auch möglich, mit reinen Geistern zu kommunizieren, sogar auf eine natürlichere und leichtere Art als mit Menschen, da die Kommunikation nicht mittels Bewegungen im Körper und in den Sinnen geschieht:

"[...] les esprits étant de même nature, il est evident qu'une pensée peut être plus aisément l'occasion d'une pensée, que le mouvement." [222]

---

218 Ebd.
219 A.a.O., 78
220 A.a.O., 79. Nach der im Glauben verankerten Engellehre, vgl. Specht, Commercium, 12 - 28
221 DPP, 78
222 A.a.O., 75.

Zu den verschiedenen Arten der Kommunikation von Gedanken, gehört auch die der abgeschiedenen Seelen, die ihre Gedanken aus dem gleichen Grund wie zu Lebzeiten entweder verbergen, weil sie nicht wollen, daß andere Geister davon Kenntnis bekommen oder manifestieren, falls sie sie mitteilen wollen.

> "Au reste, quand je dis que des ames affranchies du corps, pourroient se cacher ou manifester leurs pensées, cela se doit entendre, si elles avoient le même sujet de les cacher, qu'elles ont en l'état present." [223]

II.C.4.c. Occasionalistische Erklärungen für alle Kommunikationsformen.

Der extreme Unterschied zwischen den Zeichen und den Gedanken entspricht dem zwischen Leib und Seele und läßt uns gleichzeitig das Geheimnis ihrer Vereinigung durch den Schöpfer der Natur begreifen. So wie die Menschen durch Einsetzung bestimmte Körperbewegungen mit bestimmten Gedanken verbinden können, so vereinigt Gott im Menschen manche Gedanken seiner Seele mit manchen Bewegungen seines Körpers.

> "Car enfin, si l'on conçoit que les hommes puissent par institution joindre certains mouvemens à certaines pensées, on ne doit pas avoir de peine à concevoir que l'Auteur de la nature, en formant un homme, unisse si bien quelques pensées de son ame à quelques mouvemens de son corps;"[224]

Bewegungen werden nur im Körper hervorgerufen und Gedanken nur in der Seele, und beider Beziehung unterhält Gott. Sobald die Seele es will, bewegt Gott den Körper in der von ihr gewünschten Weise.

Die Kommunikation mit anderen ist genauso zu erklären wie die zwischen Leib und Seele.

Gott hat nicht nur bei der Schöpfung die Vereinigung von Körper und Seele vorgesehen, er unterhält auch deren Vereinigung durch eine notwendige Verbindung, die auch die Mitteilung oder den Austausch der Gedanken durch äußere Zeichen betrifft:

---

223 A.a.O., 82
224 A.a.O., 16

"[...] il est évident que c'est de ce raport si necessaire, que l'Auteur de la nature entretient entre le corps & l'ame, qu'est venue la necessité de faire des signes pour communiquer ses pensées." [225]

Deshalb müssen zwei Seelen, die mit zwei verschiedenen Körpern vereinigt sind, ihre Gedanken mittels äußerer Zeichen, d.h., durch Körperbewegungen, zum Ausdruck bringen.

"Car, puisque l'ame ne peut avoir de pensée, à l'occasion de laquelle il ne se fasse un mouvement dans le corps, & que d'ailleurs elle ne peut recevoir aucune idée de ce qui est au dehors, que par les mouvemens qui sont excitez dans le corps qu'elle anime, il faut necessairement que deux ames, unies à deux corps differens, expriment leurs pensées par des mouvemens ou, si vous voulez, par des signes exterieurs." [226]

Die Vereinigung von Körper und Geist, die durch Gott, den *Ouvrier incomparable* unseres Körpers, festgelegt ist, wird nach Cordemoy durch drei Arten von Beziehungen (*correspondances*), aufrechterhalten bis zum Tod.

D'ailleurs, si nous sommes convaincus que l'union du corps & de l'ame ne vient que de la parfaite correspondance, que Dieu a mise entre les divers changemens du cerveau, & les diverses pensées de l'ame, nous ne devons pas nous étonner que l'un agisse si aisement sur l'autre, & que leurs actions s'accompagnent toûjours si bien, tandis que Dieu fait durer leur union." [227]

Um anderen unsere Gedanken zu entdecken, machen wir nichts anderes, als dies zu wollen. Obwohl wir, sobald unsere Seelen es wünschen, unseren Gedanken mit Zeichen, die durch Körperbewegungen hervorgebracht werden, Ausdruck verleihen können, sind die Seelen dennoch nicht die Ursache dieser Bewegungen: "[...] neanmoins nos ames ne sont pas [sic] cause de ces mouvemens."[228] Wie Cordemoy im IV. Discours des DCA bewiesen hat, ist allein die göttliche Macht die Ursache unserer Körperbewegungen. Das gilt sowohl für den Spre-

---

225 Ebd.
226 Ebd.
227 A.a.O., 58
228 A.a.O., 81

chenden als auch für den Zuhörenden, in denen Gott jeweils die Vereinigung von Körper und Geist festgelegt hat:

"De sorte que, si tandis qu'elles [les ames] sont unies à nos corps, nous ne pouvons exprimer les pensées qui nous viennent, qu'en remuant la langue, le gosier, et la bouche, c'est par la necessité que cette union nous impose." [229]

Cordemoy verweist auf den V. Discours des DCA, in dem die Tätigkeit der Seele und des Körpers und ihre Beziehungen untereinander in der gleichen Weise erklärt werden wie die zwischen zwei Körpern. Wenn man nicht nach der Macht fragt, die diesen "rapport" unterhält, kann gesagt werden, daß die Seele auf den Körper einwirkt und umgekehrt. Körper und Geist sind disponiert, "*à recevoir divers changemens à l'occasion l'un de l'autre.*" [230] Im fünften Diskurs führt Cordemoy aus, daß auch Körper so disponiert sind, daß sie anläßlich des Aufeinandertreffens mit einem anderen Körper Veränderungen in ihrem Bewegungszustand erfahren.[231]

Wie aber bereits bewiesen, sind die Körper nicht die Ursache ihrer Bewegung, sondern ihr Aufeinandertreffen ist eine *occasion* für Gott, der den ersten bewegt, auch den zweiten zu bewegen. Genauso ist es zu verstehen, daß unser Wille, den Körper zu bewegen, für Gott der Anlaß ist, dies so zu tun.

"Et comme j'ai montré qu'un corps ne donne jamais le mouvement à un corps , mais seulement que leur rencontre est une occasion à la Puissance divine, qui mouvoit l'un, de s'appliquer à l'autre; il faut concevoir aussi, [...] que la volonté que nous avons, que nôtre corps soit mû, ne le fait pas mouvoir, mais est seulement une occasion à la puissance de le mouvoir au sens que nous desirons qu'il soit mû; aussi la volonté que nous avons qu'un esprit connoisse ce que nous pensons, est une occasion á cette Puissance de faire que cet esprit l'apperçoive."[232]

Die die menschliche Sprache betreffenden Beziehungen von Geist und Körper des Sprechenden zum Körper und Geist des Zuhörenden geschehen in der Abhängigkeit von Gott. Unser Geist und unser Körper sind nur sogenannte "*causes occasionelles*". Eine notwendige Folge davon, daß Gott die Ursache unserer Kommunikation ist, ist es, "*qu'il est aussi impossible à nos ames d'avoir de*

---

229 Ebd.
230 DCA, 147
231 Ebd.
232 DPP, 83

nouvelles perceptions sans Dieu, qu'il est impossible au corps d'avoir de nouveaux mouvemens sans luy":

"[...] nous disons qu' une ame agit sur une autre ame toutes fois que l'une a des pensées nouvelles à l'occasion de l'autre; de même que nous disons qu'un corps agit sur un autre corps, toutes les fois que cet autre corps reçoit quelque changement à son occasion."²³³

Obwohl den occasionalistischen Erklärungen gemäß eine völlige Abhängigkeit der Menschen von Gott angenommen wird, betont Cordemoy jedoch die Freiheit der Entscheidung, die dem menschlichen Geist von Gott gegeben ist. Gott tue dies in der Absicht, geliebt zu werden.

"D'ailleurs, il est evident qu'il laisse à nos ames la détermination toute libre de leur volonté.[...]l'esprit est une substance, à qui le pouvoir de se déterminer de soy-même convient si naturellement, qu'il cesseroit d'être esprit, s'il cessoit de vouloir. Dieu l'a fait ainsi, pour en être aimé."²³⁴

Von der Annahme ausgehend, "*que toute l'action de l'ame consiste à vouloir,*" sagt Cordemoy, daß Gott uns weder die Substanz der Seele noch die Weise begreifen läßt, in der sie sich für eine bestimmte Sache entscheidet. Aber wir erkennen klar, "*que nous avons un esprit, & que nôtre esprit a le pouvoir de se déterminer.*"

Unser Geist ist in Bezug auf die Ideen, die er bei der Kommunikation mit anderen hat, von Gott, der Erstursache, abhängig. "Nur im Gebrauch des Willens bleibt unsere Seele von der Erstursache unabhängig: nicht mehr das Denken schlechthin, sondern das Vermögen, sich selbst zu determinieren, wird nunmehr zum bestimmenden Merkmal des Geistes erklärt."²³⁵

Da es zur Kommunikation von Gedanken nur des Willens bedarf, und da dieser für Gott zur *occasion* wird, sowohl in Körpern als auch in Geistern, das heißt Seelen, entsprechend dem Willen des Menschen tätig zu werden, lassen sich alle Kommunikationsarten nach dem gleichen Prinzip erklären, das Cordemoy im IV. und V. Discours des "*Discernement*" bewiesen hat. Alle substanzimmanenten und transeunten

---

233 Ebd.
234 A.a.O., 84
235 Specht, Commercium, 146

Kommunikationsarten sind mit dem Eingriff Gottes zu erklären. Alle Stellen, an denen Cordemoy den Ausdruck occasion verwendet, sind so zu verstehen, daß für Gott Anlaß zur Einwirkung besteht. (Ausnahme: in einer allgemeineren Bedeutung heißt es S. 61: *"dans toutes les occasions, ou les hommes communiquent leurs pensées [...]"*. Das Aufeinandertreffen zweier Körper ist *occasion* für Gott, der den einen bewegt hat, auch den anderen zu bewegen. Die Gedankenübermittlung von Seele zu Seele, die Verbindung zwischen unserem Geist und unserem Körper sowie der Gedankenaustausch mit anderen, ist in der gleichen Weise zu begreifen. Der Wille ist für Gott *occasion*, auf den Wunsch des einen Geistes, seine Gedanken auszudrücken, in einem anderen Geist deren Wahrnehmung zu bewirken.

"Et comme j'ai montré qu'un corps ne donne jamais le mouvement à un corps, mais seulement que leur rencontre est une occasion à la Puissance divine, qui mouvoît l'un, de s'appliquer à l'autre; il faut concevoir aussi, que dés qu'une ame veut faire connoître à une autre ame ce qu'elle pense, cela arrive, parceque Dieu fait que, suivant cette volonté de la premiere, la seconde le connoît. Et de même que la volonté que nous avons, que notre corps soit mû, ne le fait pas mouvoir, mais est seulement une occasion à la premiere Puissance de le mouvoir au sens que nous desirons qu'il soit mû; aussi la volonté que nous avons qu'un esprit connoisse ce que nous pensons, est une occasion à cette Puissance de faire que cet esprit l'apperçoive." [236]

---

[236] DPP, 83

II.C.4.d. Moralische und vernunfttheologische Aspekte der Kommunikation der Menschen.

Den theologischen Aspekt der Kommunikation betont Cordemoy bei allen Kommunikationsarten. Die vom Körper befreiten Seelen müßten glücklich sein, wenn sie ihre Gedanken "*pour la gloire de leur Auteur*" öffentlich machten. Auch die menschliche Sprache dient dazu, zu Gottes Herrlichkeit beizutragen; wir dürfen deshalb nach Cordemoy keine Zeichen und Lautäußerungen, deren Bildung nur von der Macht Gottes abhängt, zur Verbreitung von Irrtümmern, Lügen und Ungerechtigkeiten oder im religiösen Sinne von Sünden gebrauchen.

> "Car enfin si nous sommes convaincus, que Dieu n'est sujet ni à l'erreur, ni au mensonge, ni à l'iniquité qui le suit toûjours de si prés, comment oserons-nous employer des signes et des voix, qui ne se forment que par sa puissance, à faire ce que luy déplaît le plus?" [237]

Diese moralisch-theologische Überzeugung ergibt sich folgerichtig aus Cordemoys occasionalistischer Erklärung des Sprachgeschehens,

> "parce que Dieu, à qui nous devons nos pensées, & les mouvemens de nôtre langue, veut bien exciter les uns, dès que nous voulons faire entendre les autres." [238]

Selbst ein Bauer, meint Cordemoy an dieser Stelle des Textes, weiß, daß nur ein "*homme de bien*", ein Ehrenmann, ein exzellenter Redner sein kann: "*[...] il ne peut être parfaitement éloquent, s'il n'a cette qualité.*" Da er nicht nur seine Gedanken mitteilen will, sondern auch seine Zuhörer zu überzeugen beabsichtigt, muß er diese Qualität besitzen.

Seine moralische Überzeugung findet Cordemoy bestätigt durch die Lehre über die natürlichen Körperzeichen, die Ausdruck der Passionen sind. Auf Grund dessen, "*qu'il y a naturellement un tel rapport entre les sentimens des hommes, & les signes ou les paroles, dont ils se servent pour les exprimer,*" können gute Redner bei den Zuhörenden ähnliche Gedanken bzw. Empfindungen hervorrufen, "*d'exciter en eux des mouvemens tout semblables aux nôtres*"

---

237 A.a.O., 71
238 Ebd.

[239], mittels Körperbewegungen, d.h., äußeren Zeichen. Ein Redner kann leichter mit der Wahrheit als mit der Lüge überzeugen.

Die Redekunst, die, wie bereits beschrieben, vom Temperament abhängt, und die durch Übung verbessert werden kann, hat bei Cordemoy auch einen sozialethischen Aspekt. Die *Eloquence* ist nicht nur das Mittel der Gedankenmitteilung, sondern dient auch der Wahrheits- und Gerechtigkeitsfindung in der menschlichen Gesellschaft:

> "Car enfin, si la societé ne s'entretient que par la parole, n'est-ce pas violer le droit le plus saint qui soit entre les hommes, que d'employer [sic] pour les jetter dans l'erreur, ou pour leur persuader le mal, des talens qui ne doivent servir qu'à leur faire connoître ce qui est veritable ou ce qui est juste?" [240]

---

239 A.a.O., 73
240 A.a.O., 70 f.

III. Das Verhältnis von Cordemoys sprachphilosophischen Äußerungen zu denen Descartes'.

Descartes betrachtet immer dann die Sprache, wenn er an ihren Eigenschaften seine Lehre von der dualistischen Wesensbestimmung des Menschen nachweisen kann. Das führt auf der einen Seite dazu, daß er sich mit Lautäußerungen künstlicher Automaten und mit denen von Tieren beschäftigt, die nur auf Grund der Anordnung ihrer Teile bez. ihrer Organe der menschlichen Sprache ähnliche Laute hervorbringen können. Aber es ist nicht vorstellbar, daß eine Maschine gebaut würde, die dem menschlichen Körper gleicht, "*qui ayant esté faite des mains de Dieu, est incomparablement mieux ordonnée, & a en soy des mouvemens plus admirables, qu'aucune de celles qui peuvent estre inventées par les hommes.*"[241] Mit dieser Feststellung wird Bezug genommen auf den Status des von der Seele zunächst unabhängigen menschlichen Körpers. Manche Tiere haben zwar wie wir die Organe, die zu Lautäußerungen befähigen, aber da sie diese nicht zur Mitteilung von Gedanken nutzen, schließen wir, daß sie keine vernünftige Seele wie wir haben. Der von der kirchlichen Schulphilosophie geforderten Lehre von der Unsterblichkeit der Seele ist durch die Feststellung der vom Körper verschiedenen Natur der Seele genüge getan ("*par consequent, qu'elle n'est point suiette a mourir avec luy*").[242]

Cordemoy versucht im "*Discours physique de la Parole*" erstens die Lehre Descartes' von der Verschiedenheit von Körper und Geist durch ausführlichere und auch weitergehende Beschreibungen zu erläutern, indem er Descartes' Physik auf die Analyse des körperlichen Anteils an der Sprache anwendet. Zweitens unterstützt er Descartes in dem Bestreben, nicht gegen die Lehre von der Unsterblichkeit der Seele zu verstoßen, indem er in seine Kommunikationstheorie auch die Verständigung reiner Geister und abgeschiedener Seelen mit einbezieht. In dem, was er "*inspiration*" nennt, sieht Cordemoy sogar einen Beweis für die Existenz reiner Geister. In diesem Punkt geht Cordemoy über Descartes hinaus.

Ausgangspunkt für Cordemoys Beweis der Existenz und Erkennbarkeit der Seele anderer Menschen ist Descartes' Festellung, daß es in der Sprache zwei Kriterien dafür gibt, daß der menschliche Körper mit einem Geist verbunden ist.

---

241 AT, VI, 56
242 A.a.O., 59

> "Descartes zieht nicht explizit die positive Schlußfolgerung, daß ein Mensch, der die beiden Kriterien erfüllt, zusätzlich zum Körper einen Geist haben muß. Er beschränkt sich auf die negative Schlußfolgerung, daß Tiere keinen Geist haben, da sie die beiden Kriterien nicht erfüllen." [243]

Cordemoy legt ausführlichere Beobachtungen und Untersuchungen hinsichtlich der menschlichen Sprache vor, um die Existenz anderer Seelen zu beweisen:

> "Mais aussi, si je trouve par toutes les experiences que je suis capable d'en faire, qu'ils usent comme moy de la parole, je croiray avoir une raison infaillible de penser qu'ils ont une ame comme moy." [244]

Cordemoy bezeichnet in seinem Kapitel über die Nachahmung des Spracherwerbs der Kinder durch die Grammatiker die Vernunft als "*raison parfaite*" und "*raison toute entiere*". H. Brekle hält diese für Cordemoy wichtige Annahme ("*une verité trés-importante*") einer vollkommenen Vernunft bei Kindern für ausreichend, um eine mögliche Beziehung zu Descartes' Lehre eingeborener Ideen herzustellen. Damit lehne Cordemoy auch die Lehre Lockes und Humes ab, daß der Geist gleichsam ein *tabula rasa* sei:

> "On pourrait se demander si l'hypothèse d'une 'raison toute entière' chez l'enfant correspond exactement au postulat cartésien des 'idées innées'; en tout cas elle s'oppose clairement au principe d'une 'tabula rasa' d'un Locke ou d'un Hume." [245]

In der Abgrenzung zu den mechanisch zu erklärenden Lautäußerungen der Tiere und der Sprechautomaten erwähnt Cordemoy Beobachtungen, durch die in der menschlichen Sprache die Seele anderer erkennbar wird. Die Existenz der eigenen Seele ist ihm gewiß und läßt bei einem Vergleich eigener Erfahrungen mit den Beobachtungen an anderen Rückschlüsse auf deren Seele zu.

---

243 Dominik Perler, Descartes über Fremdpsychisches, in: Archiv für Geschichte der Philosophie, 77. Band, 1995, 45

244 DPP, 10

245 Herbert E. Brekle, Quelques aspects linguistiques et psychologiques dans le "Discours physique de la Parole" de Geraud de Cordemoy, in: H.J. Niederehe / H. Haarmann (Hgg.), In Memoriam Friedrich Diez. Akten des Kolloquiums zur Wissenschaftsgeschichte der Romanistik, Amsterdam 1975, 69

1. Zeichen lassen die geistigen Entscheidung bzw. den Willen dazu erkennen, anderen Menschen Gedanken mitzuteilen oder nicht.
2. Natürliche Zeichen sind kein sicheres Mittel zur Erkenntnis der Seele anderer, aber die Tatsache, daß man sie unterdrücken kann, läßt die Wirkung eines geistigen Prinzips in der Sprache erkennen.
3 Institutionelle Zeichen lassen Rückschlüsse auf die Seele zu, denn sie sind willkürlich eingesetzt.
   a. Im Sprachgebrauch, beim Erlernen der Muttersprache und bei der Einübung von Fremdsprachen ist das Wirken der Vernunft zu erkennen
   b. Neue Zeichen können erfunden werden, um Gedanken auszudrücken.
   c. Der Gebrauch der Zeichen paßt sich der jeweiligen Situation an, um eine sinnvolle Kommunikation zu ermöglichen.
   d. Die Zeichen werden nie in der gleichen Reihenfolge benutzt, wie dies eine Maschine oder dressierte Tiere tun würde, sondern im Zusammmenhang einer sinnvollen Rede, die der Mitteilung von Gedanken dient und neue Gedanken hervorrufen kann.

Noam Chomsky sieht im menschlichen Sprachgebrauch im Unterschied zu den "rein funktionalen und reizabhängigen tierischen Kommunikationssystemen" einen "kreativen Aspekt", der sowohl bei Descartes als auch bei Cordemoy berücksichtigt wird. Er zitiert unter anderem zwei Stellen des "*Discours physique de la Parole*", an denen Cordemoy den kreativen Aspekt der Sprache betone:

"[...] les nouvelles pensées, qui nous viennent par l'entretien que nous avons avec les hommes, sont un témoignage assuré à chacun de nous, qu'il ont un esprit comme le nôtre,[...]" [246]

"[...] toute la raison que nous avons de croire qu'il y a des esprits unis aux corps des hommes qui nous parlent, est qu'ils nous donnent souvent de nouvelles pensées que nous n'avions pas, ou qu'ils nous obligent à changer celles que nous avions." [247]

Während Descartes die körperlichen Aspekte der Sprache nur im Zusammenhang mit der Abgrenzung der mechanischen Lauterzeugung von der menschlichen Sprachfähigkeit behandelt, stellt Cordemoy ausführlich alle körperlichen Aspekte der menschlichen Sprache und anderer Kommunikationsformen dar, ganz im Sinne Descartes'. Da die Lautäußerungen der Menschen ein Ausdruck

---
246 DPP, 79
247 A.a.O., 80; vgl. auch: Noam Chomsky, Cartesianische Linguistik. Tübingen 1971, 13

ihrer Gedanken sind, beschreibt Cordemoy auch, welchen Anteil dabei die Seele hat.

1 Die Körper aller Lebewesen sind Maschinen, die mechanisch Lautäußerungen hervorbringen.

2. Die unterschiedlichen menschlichen Lautäußerungen der Vokale und Konsonanten entstehen durch unterschiedliche Einstellungen der am Sprechvorgang beteiligten Körperteile.

3. Es besteht ein notwendiger Zusammenhang zwischen dem Gehörsinn und dem Gehirn und dem Gehirn und der Lautäußerung.

4. Von der Beschaffenheit des Gehirns hängt die Redekunst ab.

5. Die im Gehirn miteinander verbundenen Eindrücke des durch den Gehörsinn vermittelten Wortlautes und der ihm entsprechenden Sache sind in der Seele als Idee des Wortes, d.h. als Wortbedeutung und als Idee der Sache verbunden.

6. Durch Gewohnheit werden beim Sprechen ein Wort und dessen Bedeutung verbunden. Bei einer erneuten Vorstellung der Sache stellt sich auch das die Sache repräsentierende Wort ein und umgekehrt wird durch ein Wort dessen Bedeutung bzw. die es repräsentierende Idee erneut hervorgerufen.

Was Cordemoy hier in ausführlichen Erklärungen darstellt, die vor allem die körperlichen Aspekte eingehend behandeln, wird von Descartes in einem Brief vom 1. Februar 1647 an Chanut kurz angedeutet.

7. Auf den Wunsch der Seele hin zu sprechen, führt unser Körper die dafür nötigen physiologischen Vorgänge aus.

Ulrich Ricken schenkt vor allem den von Cordemoy beschriebenen physiologischen Abläufen Beachtung und spricht von einer Automatisierung der Physiologie des Verstehens und des Sprechens. Er zieht folgenden Schluß:

"Cordemoys Darlegung physiologischer Grundlagen des Verstehens und Sprechens läßt also die theoretisch betonte aktive Rolle einer unkörperlichen Substanz beträchtlich zurücktreten. Die der Seele zugesprochene Aufgabe der Verbindung von Wort und Bedeutung wird vom Erlernen des Wortes an im Ablauf der Maschine automatisiert, wobei dieser Vorgang in cartesianischer Sicht natürlich die Existenz der denkenden Seele voraussetzt."[248]

Für Descartes sind alle Körper bloße Materie; auch die organischen Körper besitzen keine immateriellen Bestandteile. Sie können von sich aus keine Bewegung erzeugen, sondern sie nur erleiden. Ihre Bewegungen erfolgen gemäß den

---

248 Ricken, Sprache, 49

Gesetzen der Mechanik als Wirkungen von Druck und Stoß. Was als Trägheitsbewegung bezeichnet wird, geht letztlich auf einen Erstbeweger aller Körper zurück, und das ist Gott. Cordemoy lehrt nicht nur, daß das Aufeinendertreffen von Körpern für Gott eine *occasion* ist, sie zu bewegen. Gott ist auch dann die Ursache, "wenn eine Seele einer anderen ihre Gedanken mitteilen will, daß die eine erkennt, was die andere will; und ebenso wie unser Wille, den Körper zu bewegen, für Gott eine occasion ist, ihn wirklich zu bewegen, ist unser Wille daß ein Geist etwas erkennt, für Gott die 'occasion', solche Dispositionen zu bewirken, daß er es erkennt."[249]

Handelt es sich um "Wirkzusammenhänge" bzw. physiologische Abläufe im Körperinnern, so sieht Cordemoy darin "*assez de proportion*". Die automatisierten Vorgänge zwischen der Affizierung durch einen Laut und und der Artikulation eines ähnlichen Lautes sind in ihrem Verhältnis zueinander festgelegt.

Nicht nur die Wirkungen, die von außen über die Sinne auf das Gehirn wirken, sondern auch alle anderen Körperbewegungen sind nach einem göttlichen Plan zur Erhaltung unseres Körpers letztlich auf alle Körper im Universum abgestimmt:

"Car s'il est vray en general que les mouvemens, ausquels nôtre côrps est propre, & les effets, que font sur luy les divers objets qui agitent son cerveau, suffisent pour le conserver, parce que la proportion que Dieu a mise entre luy & les autres corps de l'univers, luy donne, sans que nous y pensions, tout ce qui le peut entretenir dans un état convenable à sa nature"[250]

Cordemoy beschreibt ausführlich die Modalitäten des Austausches zwischen Körper und Seele des Menschen. Diesen Austausch, den Gott erschaffen hat und erhält, nennt Cordemoy "*raport necessaire*" oder "*correspondance necessaire*".Die Austauschstation ist das Gehirn. Die erste Art des Austausches betrifft bestimmte Sinneswahrnehmungen und die von der Seele gewünschten Reaktionen auf Sinneswahrnehmungen. Die zweite Art des Austausches betrifft die Bedingungen, unter denen die Seele Ideen von den körperlichen Dingen bekommt. Darüber hinaus und unter Einbeziehung der von Gott gegebenen Austauscharten sieht Cordemoy eine dritte Art der Beziehung zwischen Körper und Geist, die darin besteht, daß das körperliche Zeichen oder der Wortlaut, mit dem eine bestimmte Sache bezeichnet wird, in der Seele mit der Idee der Sache bzw. mit der Wortbedeutung verbunden wird.

---

249 Specht, Commercium, 146
250 DPP, 50

Cordemoy sieht hier eine Parallele zwischen Körperbewegung und Seele bzw. Wortzeichen und Bedeutung. Diese Beziehung kann vom Menschen selbst festgelegt und verändert werden. Das zeigt sich darin, daß man durch Gewöhnung mit ein und derselben Sache bzw. mit der Idee dieser Sache mehrere Zeichen oder Wörter verschiedener Sprachen verbinden kann. In der Gleichsetzung des von Gott eingesetzten Austausches zwischen der nur ausgedehnten Natur des Körpers und dem nur denkenden Geist mit den von den Menschen eingerichteten Zeichen und deren Bedeutung glaubt Cordemoy das Geheimnis der Vereinigung von Körper und Geist zu verstehen. Die Vereinigung von Körper und Geist im Menschen beruht nicht auf einem natürlich zu erklärenden Austausch, da zwischen beiden so wenig Ähnlichkeit besteht, wie zwischen Zeichen und Bedeutungen, sondern auf einer ursprünglich willkürlichen Festlegung durch den Schöpfer der Natur. Gott unterhält den Austausch so, "*que ces mouvemens ne puissent être excitez dans le corps qu'aussi-tôt des pensées ne soient excitées en l'ame; & que reciproquement, des que l'ame veut que le corps soit mû, d'une certaine façon, il le soit en même temps.*"

So wie Cordemoy bei allen Körpern und auch bei allen physiologischen Abläufen, die die Sprache betreffen, die Bewegungen auf die von Gott eingerichtete "*proportion*" zurückführt, so ist auch der Austausch, "*la parfaite correspondance*", zwischen Körper und Geist, von Gott bei der Erschaffung des Menschen festgelegt:

> "D'ailleurs, si nous sommes convaincus que l'union du corps & de l'ame ne vient que de la parfaite correspondance, que Dieu a mise entre les diverses pensées de l'ame, nous ne devons pas nous étonner que l'un agisse si aisément sur l'autre, & que leurs actions s'accompagnent toûjours si bien, tandis que Dieu fait durer leur union." [251]

Cordemoy führt die Gedanken Descartes' in "*Le monde*", daß die Sprachzeichen ihrer körperlichen Natur nach keine Ähnlichkeit mit den sie repräsentierenden Gedanken haben, weiter aus, und leugnet auf Grund ihrer Unähnlichkeit direkte Einwirkungen beider aufeinander. Cordemoy übernimmt auch die Lehre Descartes', daß durch die Vermittlung der Sinne und der Nerven vielfältige Figuren oder Rasterbilder von den Gegenständen der sinnlichen Wahrnehmung im Gehirn ankommen, z.B in Punkt 5 und 6 der XII. Regel der "*Regulae ad directionem ingenii*". Er vertritt aber nicht die Annahme, daß die Seele diese "Rasterbilder" auf der Zirbeldrüse wahrnimmt,[252] sondern glaubt, daß die Eindrücke,

---

251 A.a.O., 58
252 Specht, "René Descartes", 315

die die Sinne im Gehirn hinterlassen, Gott dazu veranlassen, Ideen in der Seele hervorzurufen.

So wie wir in der Sprache die Vereinigung so unterschiedlicher Dinge wie Zeichen und Bedeutung erkennen, so müssen wir auch die Vereinigung zweier unterschiedlicher Substanzarten im Menschen begreifen. Die Sprache zeigt uns die Vereinigung von Wörtern, die körperlicher Natur sind, mit Gedanken, die geistiger Natur sind. Die Bedeutung der Wörter ist von den Menschen willkürlich eingesetzt. Der Zusammenhang von Körperbewegungen und Gedanken der Seele ist vom Schöpfer der Natur nach seinem Willen festgelegt. Die Sprache ist also das schönste Mittel, um zu begreifen, worin die wahre Vereinigung von Körper und Geist besteht.

Cordemoy analysiert die Sprache nicht nur in der Absicht, seine occasionalistischen Thesen zu belegen. Seine theoretischen Erörterungen werden ergänzt durch praktische Erfahrungen, Beobachtungen des Spracherwerbs bei Kindern und Anweisungen pädagogischer Art.

1. Beredsamkeit bzw. Redekunst ist bis zu einem gewissen Grad zu erlernen und einzuüben, wenn ihre körperlichen Ursachen beachtet werden.

2. Beim Erlernen der Muttersprache spielen neben der Unterrichtung über die institutionellen Wortzeichen auch die natürlichen Zeichen eine Rolle, mit denen die Emotionen der Kinder ausgedrückt werden, und durch die sie den richtigen sprachlichen Ausdruck für die Beurteilung von Gegenständen kennen lernen.

3. Der Erwerb von fremdsprachlichen Wörtern geschieht gewöhnlich durch Assoziation mit den bereits in der Muttersprache bekannten Namen der Dinge.

Cordemoy behandelt alle sprachlichen Probleme, die das Leib-Seele Verhältnis betreffen und die Descartes in vielen Bemerkungen anreißt, aber er erwähnt nicht die Äußerungen Descartes' über die Möglichkeit einer Universalsprache, mit der sich dieser in einem Brief vom 20. Nov. 1629 an Mersenne auseinandersetzt. Descartes hält eine Universalsprache grundsätzlich für möglich, da er glaubt, daß Gott allen Menschen die gleichen Begriffe gegeben hat, aber er hält ihre Umsetzung wegen der unterschiedlichen Lautsysteme der Einzelsprachen nicht für möglich. Er schlägt deshalb die Möglichkeit einer Zahlenordnung vor, die allen Gedanken im menschlichen Geist entsprechen würden, "*établissant un ordre entre toutes les pensées qui peuvent entrer en l'esprit hu-*

main, de mesme qu'il y en a un naturellement étably entre les nombres;" [253] Da dies aber von der Erstellung eines Ordnungssystems aller menschlicher Gedanken abhängt, nimmt Descartes letztlich an, daß auch diese Art einer Universalsprache auf dieser Welt nicht zu realisieren ist. Die Einzelheiten eines von Mersenne vorgeschlagenen Projekts einer *"langue universelle"* sind nicht überliefert. Die Zuordnung von Wortzeichen zu mathematischen Zeichen, die Descartes hier skizziert, wird später ausführlicher in der Philosophie von Leibniz und Wolff thematisiert, die eine Universalsprache zur Verbesserung der Wissenschaften anstreben.

---

[253] A.T I, 80

IV. Schluß.

Zusammenfassend läßt sich feststellen, daß viele der bei Descartes nur knapp angedeuteten Themen und Argumente in der Sprachphilosophie von Cordemoy aufgegriffen und weiter verarbeitet werden. Cordemoy gibt nicht im einzelnen an, wo er von Descartes abweicht. Viele dieser Abweichungen hängen mit dem Occasionalismus Cordemoys zusammen, durch den er die verschiedenen Arten der Kommunikation erklärt.

Zum Schluß möchte ich noch auf einen Bezug zwischen der Sprachphilosophie des 17. Jahrhunderts und sprachwissenschaftlichen linguistischen Thesen des 20.Jahrhunderts, besonders semantischen, hinweisen. Der Sprachwissenschaftler Herbert E. Brekle untersucht in zwei Studien, inwieweit strukturalistische Sprach- und Zeichentheorien von Ferdinand de Saussure und seinen Nachfolgern implizit schon in der cartesianischen Sprachabhandlung von Cordemoy vorkommen. De Saussure unterscheidet in seiner Zeichentheorie zwischen "*concept*" und "*image acoustique*" und nennt diese beiden Seiten des linguistischen Zeichens "*le signifié*" und "*le signifiant*". Brekle zitiert Stellen aus Saussures "*Cours de linguistique générale*" [254], bei denen es um zwei Dinge geht, die schon Cordemoy im *Discours physique de la Parole* über Zeichen feststellt:
  1. Die Unähnlichkeit von Zeichen und Gedanken
  2. Ihre institutionelle willkürliche Zuordnung

Dem Zitat Cordemoys:

> "Une des principales choses, que je trouve digne de consideration touchant ces signes, est qu'ils n'ont aucune conformité avec les pensées, que l'on y joint par institution"[255],

ähnelt dabei eine Bemerkung im "*Cours*" von de Saussure auffallend:

> "Le lien unissant le signifiant au signifié est arbitraire. ...tout moyen d'expression reçu dans une société repose en principe sur une habitude collective ou, ce qui revient au même, sur la convention."[256]

---

254 Postum herausgegeben von Charles Bally und Albert Sechehaye, Lausanne/Paris 1916
255 A.a.O. 15
256 Zitiert nach Brekle, a.a.O., 66

V. Bibliographie.

V. 1. Primärliteratur.

Amman, Joh. Konrad: Dissertatio de loquela (1700) Mit der deutschen Übersetzung von G(eorg) V(enzky) (1747). Phonetische Bibliothek, hrsg. von Wilhelm Viëtor, Hamburg 1917/18

Cordemoy, Géraud de: Six Discours sur la Distinction et l'Union du Corps et de l'Ame, Lettre écrite au R. P. Cossart in: Oeuvres philosophiques, avec une Etude bio-bibliographique, Edition critique par Pierre Clair et François Girbal; Presses Universitaires de France; sixième volume de la collection "Le mouvement des idées au XVIIe siècle", dirigée par André Robinet, Paris, 1968; im Text zitiert als "DCA".

Cordemoy, Géraud de: Discours physique de la Parole. Texte intégral reproduit d'après l'edition de 17o4. Supplément au numéro 9 des "Cahiers pour l'analyse". Bibliothèque du Graphe. [o. O. und o J.]; im Text zitiert als "DPP".

Descartes, René: Oeuvres de Descartes, publiées par Charles Adam & Paul Tannery. Nouvelle édition, Paris 1964 ff.; im Text zitiert als "AT".

Lamy, Bernard: La Rhetorique ou l'art de parler, Nouvelle edition, revue & augmentée, Paris 1715

Wolff, Christian: Meletemata mathematico-philosophica quibus accedunt dissertationes, Halle 1755 (Christian Wolff, Gesammelte Werke, hrsg. von Jean Ecole u. a., Abt. II, Bd. 35, Hildesheim 1974). Dort Num. III: Disquisitio Philosophica de Loquela [...] Lipsiae [1703], Litteris Christiani Gözii, 244-267.

V. 2. Handbücher und Lexikonartikel.

Cottingham, John: A Descartes Dictionary, Blackwell philospher dictionaries, o.O. 1993

Handbuch philosophischer Grundbegriffe, hrsg. von H.Krings, H. M. Baumgartner und Chr. Wild, München 1974

Morris, John M.:Descartes Dictionary, Philosophical Library, New York 1971

Rodis-Lewis, G.: G. de Cordemoy, in: Grundriss der Geschichte der Philosphie, Die Philosphie des 17. Jahrhunderts, Band 2, Frankreich und Niederlande, hrsg. von J. P. Schobinger, Basel 1993

Ritter, Joachim / Gründer, Karlfried: Historisches Wörterbuch der Philosophie, Wissenschaftliche Buchgesellschaft, Bde. 1,2,5,6; Darmstadt 1972 ff.

Röd, Wolfgang: Geschichte der Philosophie, Band VII: Die Philosophie der Neuzeit 1, München 1978

Totok, Wilhelm: Handbuch der Geschichte der Philosophie, Bd. IV: Frühe Neuzeit, 17.Jh. Frankfurt/Main 1981

V. 3. Sekundärliteratur.

Arndt, Hans Werner: Methodo scientifica pertractatum. Mos geometricus und Kalkülbegriff in der philosophischen Theorienbildung des 17. und 18. Jahrhunderts; Quellen und Studien zur Philosophie, 4; Berlin, New York 1971

Balz, Albert G. A.: Cartesian Studies. New York & London 1987. Darin: Geraud de Cordemoy, S. 3-27

Battail, Jean François: L'avocat philosophe Géraud de Cordemoy, Publication du Centre de Recherches d'Histoire et de Philologie de la IVe Section de l'Ecole des Hautes Etudes à la Sorbonne. Den Haag 1973

Brekle, Herbert Ernst: Geraud de Cordemoy, "Discours physique de la Parole". Nouvelle impression en facsimilè de l'édition de 1677 avec un commentaire par Herbert Brekle. Stuttgart 1970

Ders.: Einführung in die Geschichte der Sprachwissenschaft, Darmstadt, 1985

Ders.: Quelques aspects linguistiques et psychologiques dans le "Discours physique de la Parole" (1677) de Geraud de Cordemoy in :In Memoriam Friedrich Diez. Akten des Kolloquiums zur Wissenschaftsgeschichte der Romanistik, hrsg. von H.-J. Niederehe / H. Haarmann, (1975); Amsterdam 1976

Ders.: Die Bedeutung der "Grammaire générale et raisonnée" -bekannt als Grammatik von Port-Royal für die heutige Sprachwissenschaft, in: Indogermanische Forschungen Zeitschrift für Indogermanistik und allgemeine Sprachwissenschaft, hrsg. von W.P. Schmid; 72. Band,Berlin 1967

Chomsky, Noam: Cartesianische Linguistik Ein Kapitel in der Geschichte des Rationalismus. Tübingen 1971

Hoinkes, Ulrich: Philosophie und Grammatik in der französischen Aufklärung. Untersuchungen zur Geschichte der Sprachtheorie und französischen Grammatikographie im 18. Jahrhundert in Frankreich. Münster

Mouy, Paul: Le Développement de la Physique Cartésienne 1646-1712. Paris 1934

Perler, Dominik: Descartes über Fremdpsychisches, in: Archiv für Geschichte der Philosophie, 77. Bd. 1995 S. 42-62

Ricken, Ulrich: Sprache, Anthropologie, Philosophie in der französischen Aufklärung. Ein Beitrag zur Geschichte des Verhältnisses von Sprachtheorie und Weltanschauung. Berlin 1984

Ders.: Sprachtheorie und Weltanschauung in der europäischen Aufklärung. Zur Geschichte der Sprachtheorien des 18. Jahrhunderts und ihrer europäischen Rezeption nach der Französischen Revolution. Berlin 1990

Ders.: Grammaire et Philosophie au Siècle des Lumières. Controverses sur l'ordre naturel et la clarté du français; Publications de l'université de Lille III, Villeneuve d'Ascq, 1978

Robinet, André: Le langage à l'age classique, Paris, 1978

Scheib, Andreas: Zur Theorie individueller Substanzen bei Géraud de Cordemoy, Frankfurt 1997

Specht, Rainer: Commercium mentis et corporis. Über Kausalvorstellungen im Cartesianismus. Stuttgart-Bad Cannstatt 1966

Ders.: Innovation und Folgelast. Beispiele aus der neueren Philosophiegeschichte. Stuttgart-Bad Cannstatt 1972

Ders.: Rationalismus, Band 5, Geschichte der Philosophie in Text und Darstellung. Stuttgart 1979

Ders.: René Descartes in Selbstzeugnissen und Bilddokumenten; (rm 117). Reinbek bei Hamburg 1989

Ders.: "René Descartes", in: Klassiker der Philosophie I: Von den Vorsokratikern bis David Hume, hrsg. von Otfried Höffe; München 1985

Ders.: "Über 'occasio' und verwandte Begriffe bei Zabarella und Descartes", in: Archiv für Begriffsgeschichte XVI (1972), S. 1-27

Ders.: "Über 'occasio' und verwandte Begriffe im Cartesianismus II", in: Archiv für Begriffsgeschichte XVII (1973), S. 36-65

Weiß, Helmut: Universalgrammatiken aus der ersten Hälfte des 18. Jahrhunderts in Deutschland. Eine historisch-systematische Untersuchung. Münster 1992